KB201527

초등 수학
이렇게만 하면 됩니다

지금 시작해서
최상위권으로 직진하는
전략적 초등 수학 공부법

초등 수학
이렇게만
하면 됩니다

이상숙(목동진주쌤) 지음

카시오페아
Cassiopeia

수학 잘하는 아이로 키우고 싶은
대한민국의 모든 학부모님들에게
이 책을 바칩니다.

17만 초등 맘들의 수학 멘토가
알려 주는 최고의 공부 전략
아홉 가지 키워드로 알려드립니다

이십년이 넘는 시간 동안 수학 교재를 만들고, 아이들을 가르치며 많은 학부모들을 만나왔습니다. 특히 요즘은 강연이나 유튜브 채널을 통해 많은 질문을 받습니다. 인상적인 부분은 많은 부모들이 아이의 수학 교육에 대해 무척이나 불안해하고 심지어 죄책감까지 느낀다는 점이었습니다.

'아이가 수학을 잘하지 못하는 것이 학창 시절 수포자였던 나 때문이 아닐까?', '지금 내가 하고 있는 학습 방법이 잘못되어 우리 아이가 잘못된 방향으로 가고 있는 것은 아닐까?' 하는 마음이 고스란히 전해져 같은 학부모로서 마음이 안 좋아지곤 했습니다. 실제로 부모의 이러한 불안과 죄책감이 조바심으로 이어지고 오히려 아이를 더 힘들게 하는 경우도 적지 않게 보았습니다.

저 역시 큰아이가 초등학교에 다니던 시절을 바쁜 직장 맘으로 보내면서 불안하고 조급해지는 경험을 했습니다. 학습적으로 아무 문제가 없는 아이를 두고서도 '바쁜 나 때문에 지금보다 더 잘할 수 있는 아이를 방치하고 있는 건 아닐까?' 자책하기도 했지요. 그런 죄책감과 조바심 때문에 필요 이상으로 학원에 보내거나 학습량을 크게 늘리기도 했습니다. 저도 이런 경험이 있기에 누구보다 부모님의 심정에 공감합니다.

사실 요즘 엄마들은 너무 힘듭니다. 살림을 하며 먹고 사는 문제도 해결하고, 육아를 담당하며 동시에 아이 교육까지 책임져야 합니다. 특히 아이들 교육에 '엄마표 영어', '엄마표 수학' 같이 '엄마표'라는 단어가 자연스럽게 따라붙는 것이 유행이 되면서 마치 엄마가 아이들의 영어, 수학까지 도맡아 가르치는 것이 당연하게 여겨지는 분위기가 되었습니다. 그러니 남들처럼 내가 아이를 제대로 가르치지 못하는 게 아닐까 하며 자책하는 엄마들이 늘고 있는 것입니다. 저는 이렇게 힘들어하는 엄마들에게 조금이나마 도움을 주고 싶은 마음에 이 책을 쓰게 되었습니다.

초등 수학 교육이나 학습에 관한 정보는 사실 SNS나 유튜브 등 여러 매체를 통해 각종 교육 전문가라 칭하는 이들의 정보만으로도 넘쳐납니다. 이십 년이 넘는 시간 동안 초등 수학 교재를 개발해 온 제가 봐도 솔깃할 만한 교재와 강의도 많이 보입니다. 그러니 이런저런 정보 사이에서 학부모들이 팔랑귀가 되는 것은 당연할지도 모릅니다.

이 글을 읽고 있는 많은 학부모들 '7세 고시'라는 말을 들어 보셨을 겁니다. 초등학교 입학을 앞둔 만 5, 6세 아이들이 유명 학원에 들어가기 위해 보는 시험을 일컫는 말이지요.

실제 학군지 학원가에서 마케팅의 가장 핵심 대상은 7세 학부모라고 합니다. 우리 아이가 남들보다 영특한 영재처럼 보이는 시기이기도 하고, 혹시나 내가 정보가 부족해 내 아이가 남들보다 뒤처지지는 않을지 걱정하는 부모의 불안감이 커지는 시기이기도 하지요. 따라서 학원가 마케팅이 가장 잘 먹히는 시기인 거지요. 하지만 이때야말로 부모가 중심을 잘 잡아야 합니다.

물론 공부는 아이가 하는 것입니다. 하지만 부모의 조급함이나 불안감이 잘못된 방향으로 이어지면 아이가 학습하며 불필요하게 힘들어지거나 잘못된 습관을 들여 되돌리기 쉽지 않은 길을 갈 수도 있습니다. 그렇기에 아이의 학습에 올바른 방향 설정은 꼭 필요합니다.

아이가 중고등학교에 가서도 수학을 잘하는 아이로 자라려면 특히 초등 시기에 수학 공부의 방향과 습관을 잘 잡아야 합니다. 저는 이 책에 초등 아이를 둔 부모가 반드시 놓치지 말아야 할 초등 수학 공부법의 정석을 빠짐없이 정리했습니다. 특히 '개념', '수학 문해력', '연산', '사고력', '교과 수학 문제집', '선행', '심화', '학원', '태도'라는 아홉 가지 키워드를 바탕으로 학부모들이 가장 많이 질문하고 궁금해하는 내용을 핵심만 짚어 담았습니다.

1장에서는 수학 최상위권으로 직진하는 비법의 첫 단추인 '수학 개념 학습법'에 관해 이야기합니다. 2장에서는 학부모들이 놓치기 쉽고, 학원 선생님도 제대로 짚어 주지 못하는 '수학 문해력'에 관한 내용을 자세히 설명합니다.

3장과 4장에서는 초등 시기에 특히나 중요하고 자칫 오해하기 쉬운 '연산 학습법'과 '사고력 수학'에 관해 이야기합니다. 이어 5장에서는 많은 부모님이 궁금해하시는 내 아이 수준에 맞는 '교과 수학 문제집' 선택법에 관해 알려드립니다.

학부모들의 끝나지 않는 고민인 '수학 선행'과 '심화 학습'에 관한 이야기도 6장과 7장에서 각각 다룹니다. 이어 8장에서는 '수학 학원' 현명하게 선택하는 방법에 관해, 9장에서는 수학 공부를 대하는 '태도'의 중요성에 관해 이야기하며 책을 마무리합니다. 이렇게 총 아홉 장에 걸쳐, 이 한 권의 책에 제가 알고 있는 초등 수학 학

초등 수학 이렇게만 하면 됩니다

습 및 지도 방법을 차곡차곡 담았습니다.

　부모의 어깨가 무거운 이유는 우리가 아이의 미래를 조금 더 나은 모습으로 바꿔줄 수 있다고 생각하기 때문일 것입니다. 이 책이 부모님의 어깨 위에 무거운 짐을 내려놓는 데 조금이나마 도움이 되면 좋겠습니다.

이상숙(목동진주쌤)

3장 옆집 엄마에게 흔들리지 않는
내 아이 연산 학습

4장 초등 저학년은
사고력 수학을 해야 할 적기

5장 내 아이 수준에 맞는
교과 수학 문제집 제대로 선택하기

속도보다 방향이 중요한 선행, 제대로 로드맵 짜는 법

선행보다 중요한 심화 수학, 놓치지 않기

8장 초등 수학, 학원이 필요한 순간

9장 학군지 아이들은 수학 공부를 대하는 태도가 다르다

개념

1장

최상위권으로 직진하는
초등 수학의 첫 단추, 개념

수학 공부의 핵심은
'개념'

왜 어떤 아이들은 처음 보는 낯선 수학 문제를 접할 때도 막힘없이 척척 풀어내고, 어떤 아이들은 분명 풀어 본 문제임에도 매번 처음 보는 문제처럼 헷갈리고 어려워하는 걸까요? 흔히 학부모들은 이와 같은 차이가 '수학 머리' 같은 타고난 수학적 재능이나 학습량의 차이라고 생각합니다. 그래서 아이에게 수학 머리를 물려주지 못한 자신을 탓하거나 학습량을 늘려 더 많은 수학 문제를 풀게 합니다.

그런데 정말로 타고난 수학적 재능이나 학습량이 이러한 차이를 만드는 것일까요? 그렇다면 수학 머리를 타고난 아이는 자동으로 수학을 잘하고, 수학 문제를 많이 풀어 본 아이는 모두 수학을 잘해야 하는데 현실은 왜 그렇지 않은 걸까요? 낯선 수학 문제도 막힘 없이 척척 풀어내는 아이, 분명 풀어 본 문제지만 매번 처음 보는 문제처럼 끙끙대는 아이, 두 아이의 결정적 차이는 무엇일까요? 20년 넘게 수학 교재를 만들고 아이들을 가르쳐 온 제가 보기에 이 차이는 다름 아닌 '수학 개념 공부'에서 시작된 것입니다.

수학 최상위권 아이들은 수학 개념의 중요성을 너무나 잘 알고 있습니다. 실제로 수학 개념 공부에 많은 시간을 쓰며, 본인이 배운 개념이 문제에 어떻게 적용되는지, 내가 푼 문제에서 어떤 개념이 어떻게 쓰이는지 파악하는 것까지 수학 개념 공부의 범위로 포함하여 생각합니다. 이 아이들에게 수학 문제는 '내가 배운 개념을 제대로 이해했는지 확인하는 용도'입니다. 그래서 이 아이들은 "수학은 개념만 이해하면 영어 단어처럼 달달 외우지 않아도 되는 매우 쉬운 과목"이라는 말을 자주 합니다.

반면 수학을 어려워하고 잘하지 못하는 아이들은 수학 공부를 할 때 개념은 대충 보고 넘기고 문제부터 바로 풀려고 합니다. 개념 공부보단 문제 풀이에 많은 시간을 씁니다. 수학은 문제만 잘 풀어서 답만 맞으면 된다고 생각하기 때문이죠.

특히나 내가 푼 풀이 방법이 제대로 된 개념을 적용시킨 올바른 풀이 방법이었는지와는 상관없이 답만 맞으면 해당 개념을 다 알고

초등 수학 이렇게만 하면 됩니다

있다고 착각하고 넘어가는 경우가 대부분입니다. 그러니 많은 시간을 들여 수학 문제를 풀었다고 해도 그 문제를 모두 달달 외우지 않는 이상 매번 처음 보는 문제처럼 느껴지고 헷갈리는 것입니다. 결국 수학을 잘하는 아이와 그렇지 않은 아이를 가르는 결정적인 차이는 수학 개념 공부에 대한 깊이라고 할 수 있습니다. 지금부터 최상위권으로 직진하기 위한 올바른 수학 개념 학습 방법에 관해 이야기해 보겠습니다.

수학은 암기다!
VS
수학이 암기냐?

한동안 《수학은 암기다》라는 책의 제목이 이슈가 된 적이 있습니다. 책의 제목을 놓고 여러 수학 전문가 사이에서도 의견이 분분했죠. 그런데 자세히 들여다보면 '수학은 암기다!'라고 주장하는 쪽도, '수학이 어떻게 암기냐?'라고 주장하는 쪽도 공통으로 이야기하는 것이 있었습니다. 바로 수학은 '개념'이 중요한 과목이라는 것이었죠. 같은 이야기를 하면서도 왜 이렇게 양립하는 주장이 나온 것일까요? 그 이유는 수학을 학습하는 시기의 차이와 수학 개념 학습법의 차이 때문으로 보입니다. 입시가 코앞에 닥친 고등학생과 이제 첫 걸음을 시작하는 초등학생의 수학 학습 방법이 현실적으로 같을 수는 없기 때문입니다.

우리가 배우는 수학 개념은 크게 '정의(定義)'와 '정리(定理)'로 이루어져 있습니다. 예를 들어, 정의는 '마주 보는 두 쌍의 변이 서로 평행하는 사각형을 평행사변형이라고 한다.'와 같이 '이렇게 하자'라고 정한 약속입니다. 이러한 정의는 그냥 그대로 받아들이고 정확하게 외워야 합니다.

| 평행사변형의 정의 |

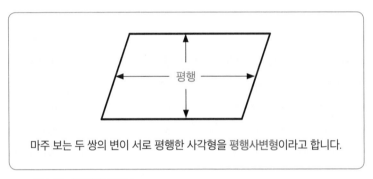

마주 보는 두 쌍의 변이 서로 평행한 사각형을 평행사변형이라고 합니다.

4학년 2학기 '사각형' 중에서

이에 반해 정리는 정의에서 유도된 성질이나 공식 같은 내용입니다. '마주 보는 두 쌍의 변이 서로 평행하는 사각형'이라는 평행사변형의 정의에서 도출된 성질, 즉 '평행사변형에서 마주 보는 두 각의 크기는 같다.' 또는 '이웃한 두 각의 크기의 합은 180°이다.'와 같이 평행사변형의 성질을 나타낸 내용이 '정리'입니다.

| 평행사변형의 성질 |

- 마주 보는 두 각의 크기는 같습니다.
- 이웃한 두 각의 크기의 합은 180°입니다.

4학년 2학기 4단원 '사각형' 중에서

따라서 이렇게 의미하는 바가 다른 각각의 수학 개념은 학습하는 방법도 분명 달라야 합니다. 일종의 '약속하기'인 정의는 제시된 수학 용어 그대로 정확히 암기하는 것이 필요하고, 그에 따른 공식이나 성질은 암기 이전에 왜 그러한 공식이나 성질이 나오게 되었는지 그 과정을 확인 → 이해 → 증명하는 과정을 거친 후에 암기하는 방법으로 공부해야 합니다.

예를 들어 보겠습니다. 평행사변형의 이웃한 두 각을 각각 ㉠, ㉡이라고 하면 평행사변형에서 마주 보는 두 각의 크기는 같으므로 다음 그림과 같이 표시할 수 있습니다.

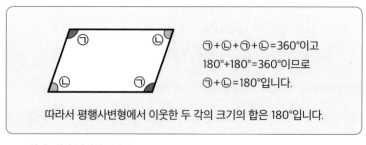

㉠+㉡+㉠+㉡=360°이고
180°+180°=360°이므로
㉠+㉡=180°입니다.

따라서 평행사변형에서 이웃한 두 각의 크기의 합은 180°입니다.

4학년 2학기 '사각형' 중에서

초등 수학 이렇게만 하면 됩니다

사각형의 네 각의 크기의 합은 360°이므로 ㉠+㉡+㉠+㉡=360°이고, (㉠+㉡)+(㉠+㉡)=360°에서 180°+180°=360°이므로 ㉠+㉡=180°입니다. 좌측 그림과 같이 '이웃한 두 각의 크기의 합이 왜 180°가 되는지', '이러한 성질이 어떻게 해서 나오게 된 것인지' 그 과정을 이해한 뒤에 성질을 기억하는 것이 중요하다는 이야기입니다.

 공식이나 성질은 해당 내용이 어떤 과정을 거쳐 나오게 된 것인지 정확히 이해한다면 자연스럽게 습득되고, 오래 기억에 남습니다. 만약 문제를 풀 때 필요한 공식이 정확히 기억나지 않는다 하더라도 공식 유도 과정(증명)을 이해하고 있다면 얼마든지 문제를 풀어낼 수 있습니다. 초등 시절에는 시간이 걸리더라도 이러한 방법으로 공식이나 성질을 제대로 이해하고 이를 활용해야 아이의 수학적 사고력을 키울 수 있습니다. 이렇게 키워진 사고력이 결국 아이의 수학 실력으로 이어집니다. 공식의 유도 과정에 대한 이해 없이 단순히 공식만 암기해 문제에 적용시키는 방법으로는 잠시 정답률을 높일 수는 있겠지만 아이의 진짜 수학 실력을 쌓는 데는 절대 도움이 되지 않는다는 점을 기억하세요.

교과서는
그 어떤 개념서보다 강하다

저는 올해로 23년 차인 초등 수학 교재 개발자입니다. 그중 17년
은 대형 출판사 편집부에서 일을 했습니다. 수학 교재를 만들 때는
수학을 전공한 많은 수학 전문 편집자들이 모여서 연구하고 회의하
고 검토하며 긴 시간을 들여 교재의 내용을 구성하고 문제를 출제
합니다. 이때 수학 편집자들이 절대적인 기준으로 삼는 것이 바로
수학 교과서입니다.

강연에서 학부모들을 만나면 수학 개념을 학습하기에 가장 좋은
교재가 뭐냐는 질문을 많이 하십니다. 그때마다 저는 "아이들이 올
바른 개념 학습을 하기에 가장 좋은 교재는 수학 교과서입니다."라

고 답합니다. 그러면 종종 불만 섞인 이야기들이 바로 이어집니다.

"선생님! 저도 교과서가 좋다는 이야기를 많이 들어서 집에서 교과서로 공부를 시켜보려고 했는데요. 수학 교과서는 다루고 있는 문제도, 공부할 내용도 별로 없고, 집에서 활용하기가 쉽지 않아요!" 같은 하소연입니다. 그나마 이렇게 교과서 학습에 대해 어려움을 말씀하시는 학부모는 교과서를 한 번이라도 살펴본 분이기에 희망적입니다. 학부모 대부분은 종류별 수학 문제집의 난이도와 구성까지 꿰고 있으면서도 정작 수학 교과서와 수학 익힘책은 등한시하는 것이 현실입니다.

아이들도 별반 다르지 않습니다. 교과서는 학교에서 수업 시간에 어쩔 수 없이 보는 책 정도로 인식하고 있습니다. 심지어 요즘은 교과서를 학교 사물함에 두고 집에 가져가지 않는 경우도 많습니다. 학기 말까지 교과서가 깨끗한 상태로 유지되는 경우도 심심치 않게 보입니다. 왜 이런 일이 생기는 걸까요?

이런 일이 생기는 것은 바로 수학 교과서의 집필 목적과 그에 따른 활용법을 모르기 때문입니다. 수학 교과서를 보고 공부할 내용이 별로 없다고 생각하는 것 역시 '수학 공부는 수학 문제를 푸는 것'이라고 잘못 생각하고 있기 때문입니다.

수학 교과서에 수학 문제집처럼 다양한 문제가 많지 않은 것은 사실입니다. 또한 우리가 시중에서 구하는 수학 문제집처럼 개념이나 공식이 보기 좋게 정리되어 있지도 않습니다. 그런데도 왜 저를 포함한 많은 수학 전문가가 개념 학습을 하기에 가장 좋은 교재가 교과서라고 입을 모아 말하는 걸까요? 지금부터 그 이유를 말씀드리겠습니다.

대부분 수학 교과서는 한 차시를 구성할 때 개념 이해를 돕기 위한 다양한 활동으로 접근합니다. 문제의 발문을 살펴보면 "어떻게 구할 수 있을까요?", "OOO하는 방법을 이야기해 보세요."와 같이 아이들의 생각을 유도합니다. 지금 바로 아이의 수학 교과서를 한 번 살펴보세요.

예를 들어 대분수의 덧셈하는 법을 배우는 차시라면 그 개념을 이해시키기 위해서 한 페이지 이상에 걸쳐 한 가지 상황을 다양한 활동으로 접근합니다. 또 대부분 문제는 개념 이해를 돕기 위한 질문 또는 개념을 이끌어 내기 위한 질문으로 이루어져 있습니다. 실제로 수학 교과서에 나오는 질문은 개념 확인을 목적으로 하는 문제들로 우리가 흔히 푸는 수학 문제집의 문제와는 목적과 형태가 다릅니다. 이것이 바로 개념 학습을 하기에 가장 좋은 교재가 교과서라고 말하는 이유입니다. 수학 개념 학습을 올바로 하기 위해서는 교과서에 나오는 개념 이해를 위한 질문의 의미와 그에 대한 답을 여러 방면으로 깊게, 다양하게 생각하며 학습하는 것이 좋습니다.

물론 교과서는 집에서 혼자 개념 학습을 하기 위해 만들어진 책이 아닙니다. 학교에서 선생님의 강의와 아이들의 여러 가지 교과 활동을 위한 수업용 교재입니다. 그렇기에 집에서 수학 교과서만 가지고 수학 개념 학습을 하려 한다면 어려움이 있는 것이 당연합니다.

　수학 교과서만 가지고 수학 개념 학습을 하라는 것이 아닙니다. 교과서에 나와 있는 개념도 제대로 공부하지 않으면서 시중의 여러 수학 문제집의 문제만 푸는 것은 올바른 수학 공부가 아니라는 점을 강조하고자 한 것입니다. 지금부터는 수학 교과서로 개념 학습을 할 때 우리가 주의해서 살펴봐야 할 것들에 대해서 말씀드리겠습니다.

개념 공부의 시작은 용어:
'아는 것 같은 것'과
'정확히 아는 것'은 다르다

　개념 공부의 시작은 '수학 용어'에 대한 이해입니다. 생각보다 많은 아이가 교과서에 나와 있는 수학 용어의 뜻을 정확히 알지 못합니다. 아니 '안다'고 착각합니다.

　이렇게 착각하는 이유는 수학 용어에 대한 정확한 이해 없이도 그동안 여러 번 반복해 풀었던 수학 문제 풀이법으로 '종종' 정답을 맞힌 경험 때문입니다. 앞서도 이야기했지만 수학 공부의 핵심은 수학 개념을 정확히 이해하는 것이고, '수학 문제를 푼다는 것'은 내가 개념을 얼마나 잘 이해했는지 확인하고 사고를 확장하기 위해 연습하는 것입니다.

초등 수학 이렇게만 하면 됩니다

즉 수학 문제를 풀어서 답을 맞히는 것이 중요한 것이 아니라 내가 배운 개념을 수학 문제에 정확히 적용하고 그 문제를 통해 개념을 응용시킬 줄 아는 것이 중요합니다. 이때 가장 기본적으로 갖추어야 할 요소가 바로 수학 용어를 정확히 아는 것입니다. 수학 개념은 수학 용어를 정확히 알아야 완벽히 이해할 수 있기 때문입니다.

많은 학부모가 우리 아이는 문제를 대충 읽어서 자꾸 실수한다고 말씀하십니다. 그런데 실제로 이 아이들 대다수는 문제를 대충 읽어서가 아니라 수학 용어의 정확한 의미를 몰라서 문제를 읽어도 그 문제가 무슨 뜻인지 이해하지 못하는 것입니다. 다 알고 있는데 문제를 대충 읽어서 틀린 것이 아니라 안다고 착각하기 때문에 틀리는 것이지요.

아이들이 알고 있다고 생각하지만 실제로 정확히 구별하지 못하는 대표적인 초등 수학 개념 용어의 예시를 몇 가지 들어보겠습니다. 우리 아이도 정확하게 구별하여 설명할 수 있는지 한번 확인해 보시길 바랍니다.

먼저, 수와 숫자의 개념 차이입니다. '수'는 숫자를 포함하여 셀 수 있는 사물을 세어서 나타낸 값을 말하는 하나의 기본 개념입니다. 이와 달리 '숫자'는 수를 나타낼 때 사용하는 기호로서 수의 속성을 나타냅니다. 즉 '사탕 다섯 개'를 말할 때, 다섯은 '수'이고, 5는 '숫자'입니다. 50이라는 수를 살펴보면, 십의 자리 숫자 5와 일의 자리 숫자 0으로 이루어진 두 자리 수라 할 수 있습니다.

수 vs 숫자

· 수: 셀 수 있는 사물을 세어서 나타낸 값
· 숫자: 수를 나타내는 기호

일상생활에선 '수'나 '숫자'나 비슷한 의미로 사용합니다. 하지만 수학을 공부할 때는 수와 숫자의 정확한 용어 의미를 알지 못하면 정확한 답을 구하는 데 어려움을 겪기 쉽습니다.

다음은 4학년 1학기 1단원에 나오는 큰 수 단원의 개념 문제입니다. 각 자리 숫자의 의미와 그 숫자가 나타내는 수의 의미를 모두 정확히 알고 있어야 문제의 답을 구할 수 있음을 알 수 있습니다.

문제 예시)

❓ **53174는 얼마만큼의 수인지 알아봅시다.**
각 자리의 숫자 5, 3, 1, 7, 4는 각각 얼마를 나타내는지 알아보세요.

	만의 자리	천의 자리	백의 자리	십의 자리	일의 자리
각 자리의 숫자	5	3	1	7	4
나타내는 수	50000	3000	100	70	4

이와 비슷하게 아는 것 같지만 정확히 구별하여 사용할 수 있는지 확인이 필요한 수학 용어들로 '각과 각도', '시간과 시각', '비와 비율' 등이 있습니다. 이러한 용어를 정확히 이해하지 못한 아이들은 종종 '시각'을 묻는 문제에 '시간'으로 답하거나 '비율'을 구해야 하는 문제에 '비'로 답하는 등 오류를 범하게 됩니다.

이 용어들은 의미하는 바가 분명히 다르기에 다음과 같이 정확한 의미를 알고 사용해야 합니다. 완벽한 개념 이해를 위해서는 헷갈리는 수학 용어부터 정확히 알고 있어야 하니 아이의 머릿속에 수학 용어의 정의가 명확하게 정리될 수 있도록 도와주시길 바랍니다.

각 vs 각도

- 각: 한 점에서 그은 2개의 반직선에 의하여 이루어지는 도형
- 각도: 각의 두 변이 벌어진 정도

시간 vs 시각

- 시간: 어떤 시각에서 어떤 시각까지의 사이
- 시각: 시간의 어느 한 시점

비 vs 비율

- 비: 두 수를 나눗셈으로 비교하기 위해 기호 :을 사용하여 나타낸 것
- 비율: 기준량에 대한 비교하는 양의 크기

이외에도 수학 용어 중에는 우리가 일상적으로 쓰는 단어와 의미가 다르게 사용되는 경우, 용어의 한자 뜻과 다른 의미로 정의되는 용어도 있습니다. 이러한 수학 용어에 대해서는 2장 '수학 문해력' 편에서 좀 더 자세히 이야기하겠습니다.

수학 교과서로 하는
올바른 개념 학습법

수학 교과서는 만들어진 목적이나 활용 면에서 수학 문제집과 성격이 전혀 다른 책입니다. 단순히 좋은 문제를 만드는 것이 목적이 아니라 아이들의 수학적 사고력을 확장시키고 개념과 원리를 익히는 것에 초점을 두고 수학 전문가들이 오랜 시간 논의를 거쳐 집필한 것입니다. 학부모나 아이들이 교과서로 개념 공부를 하기가 어렵다고 하소연하는 이유도 아마 거기에 있을 겁니다. 교과서에 있는 문제들은 수학 문제집처럼 아이들이 배운 개념을 바로 적용해서 답을 내기 쉬운 문제들이 아닙니다. 여러 가지 다양한 관점으로 생각해 보고 답해야 하는 열린 질문들이 많습니다.

6학년 2학기 수학 교과서에는 원의 넓이 구하는 방법을 알아보는 내용이 나옵니다. 초등 교육을 받은 학부모라면 원의 넓이 구하는 공식이 (원의 넓이)=(반지름)×(반지름)×(원주율)이라는 것을 모르는 분은 없을 것입니다. 그런데 교과서에는 이 원의 넓이 구하는 공식이 바로 나오지 않습니다. 교과서는 이 부분을 어떻게 다루고 있을까요?

교과서는 오른쪽 그림처럼 원의 넓이를 구하는 방법을 그림으로 설명합니다. 즉 원을 8등분, 16등분, 32등분, 64등분 등으로 잘게 잘라 이어 붙이는 활동을 통해 직사각형 모양을 만들어 내고, 이를 통해 원의 넓이를 구하는 공식을 이끌어 내는 겁니다.

오른쪽의 그림과 같이 원을 잘게 잘라 이어 붙여 직사각형을 만들면 만든 직사각형의 가로는 원의 (원주)×$\frac{1}{2}$과 같고, 직사각형의 세로는 원의 반지름과 같게 됩니다. 여기서 5학년 1학기에 배운 직사각형의 넓이 구하는 공식을 이용하여 원의 넓이를 구하는 식을 유도해 냅니다.

교과서는 이와 같은 과정으로 원의 넓이 구하는 공식이 나온 과정과 그 의미를 자세히 보여줍니다. 이 과정을 이해하지 못한 채 단순히 원의 넓이 구하는 공식에 숫자를 대입하여 문제집에 나오는 원의 넓이에 관한 문제를 풀어서 맞혔다면, 우리 아이는 원의 넓이 구하는 개념을 제대로 학습한 것이 아닙니다.

초등 수학 이렇게만 하면 됩니다

| 원의 넓이를 구하는 방법 |

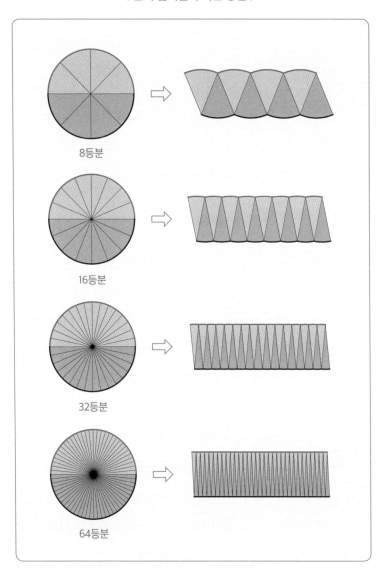

8등분

16등분

32등분

64등분

| 원의 넓이를 구하는 공식 유도 과정 |

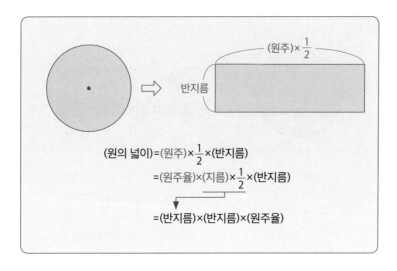

$$(원의 넓이) = (원주) \times \frac{1}{2} \times (반지름)$$
$$= (원주율) \times (지름) \times \frac{1}{2} \times (반지름)$$
$$= (반지름) \times (반지름) \times (원주율)$$

　단순히 수학 공식을 암기하는 방식으로는 개념 학습을 했다고 볼 수 없습니다. 교과서의 학습 흐름대로 왜 그러한 공식이 나오게 됐는지 원의 구성 요소(지름, 반지름, 원주율 등)의 정의와 여러 도형의 (직사각형 등) 성질을 연결하여 생각하고, 원의 넓이 구하는 방법에 대한 이해를 바탕으로 공식을 증명한 후 그것을 암기하는 방법으로 공부하는 것이 올바른 개념 학습법이라고 할 수 있습니다.

　실제로 이렇게 공식이 나오는 과정을 모두 이해하고(특히 초등 수학 교과서는 여러 가지 활동을 통해 과정 이해를 돕고 있습니다.) 그 이후에 공식을 암기하면 더 오랫동안 머리에 남는 효과가 있습니다. 만약 공식을 기억해 내지 못하더라도 공식 유도 과정을 이해하고 있다면 시간이 조금 더 걸릴 뿐 문제는 얼마든지 풀 수 있습니다. 나아가 더 확장된 개념을 묻는 응용 및 심화 문제도 풀어낼 힘이 생깁니다.

수학자 조지 폴리아(George Polya)는 "수학은 지극히 뻔한 사실을 전혀 뻔하지 않게 증명하는 것으로 이루어진다."라고 말했습니다. 아이가 어떤 공식을 사용하여 문제를 풀었다면 지금부터라도 아이들에게 꼭 한 번씩 물어봐 주세요. 공식을 사용하여 풀어낸 문제의 답이 왜 그렇게 나온 것인지 아이가 설명할 수 없다면 제대로 된 개념 학습을 하지 못한 것입니다. 이를 알아채고 해당 부분에 적절한 도움을 주는 것이 중요합니다.

'왜냐하면…'의 마법

여기서는 올바른 개념 학습법을 위한 한 가지 방법을 알려드리려고 합니다. 바로 '왜냐하면…'의 마법이라고 제가 이름 붙인 방법입니다.

아이들이 수학 문제를 풀고 난 후 채점하기 전에, 저는 그 페이지에서 가장 기본이 되는 문제, 즉 개념을 묻는 가장 쉬운 문제를 짚고 "왜 답이 이렇게 나왔어?"라고 질문합니다. 그러면 아이들의 반응은 대개 두 가지로 나타납니다. 첫 번째는 '당연하게 이 답인데… 왜 이런 질문을?'이라는 의미의 당황한 표정을 짓는 유형입니다. 그리고 두 번째는 대답하기도 전에 본인의 답이 틀린 줄 알고 황급히 지우개부터 들고 지우려는 유형입니다.

초등 수학 이렇게만 하면 됩니다

아이들 대부분이 틀린 문제를 두고 왜 틀렸는지 다시 생각해 보게 하는 지적은 많이 받아 보았지만 당연하게 답을 내서 맞힌 쉬운 문제를 두고 왜 이러한 답이 나왔는지 질문을 받아 본 적은 없을 겁니다. 그러니 이런 반응이 나오는 것도 당연합니다.

앞서 '올바른 개념 학습법'을 이야기하며 저는 아이가 공식을 사용하여 풀어낸 문제의 답이 왜 그렇게 나온 것인지 설명할 수 없다면 제대로 된 개념 학습이 되지 않은 것이라고 이야기했습니다. 개념 학습은 매우 중요하지만 실제로 집에서 부모님이 아이들에게 이를 일일이 가르치는 것은 쉽지 않습니다. 이에 개념 학습을 위한 효과적인 방법 하나를 알려드리고자 합니다.

저는 아이들에게 수학을 가르칠 때 일명 '왜냐하면…'의 마법이라고 이름 붙인 포스트잇을 활용합니다. '왜냐하면…'의 마법을 쓸 때는 주로 개념서에서 흔히 볼 수 있는 아주 기본적인 개념 문제를 활용합니다. 아이들은 이렇게 기본 개념을 묻는 문제의 정답은 큰 어려움 없이 쉽고 빠르게 답을 적어 냅니다. 이때 답이 맞았다고 확인한 후 동그라미를 치고 바로 넘어가지 말고 '왜냐하면…'의 마법을 활용합니다.

방법은 간단합니다. 개념을 정확히 알아야 하는 문제에 '왜냐하면'이라고 적힌 포스트잇을 붙여 주고, 그렇게 답을 쓴 이유를 적어 보게 하는 것입니다. 아이들에게는 당연하게 적어 낸 답이 왜 그런

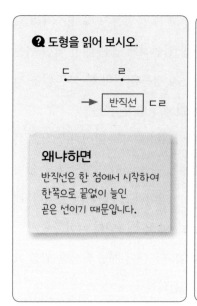

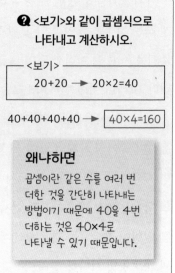

지 다시 한번 개념을 떠올려 보게 하는 것만으로도 스스로 머릿속으로 개념을 정리해 볼 좋은 기회가 됩니다. 특히 도형 단원처럼 정확하게 수학 용어나 정의를 암기하고 있어야 하는 단원에서는 매우 효과적이고 좋은 방법이 됩니다. 이뿐만 아니라 서술형 문제 풀이 연습도 됩니다.

당연하게 써낸 답을 두고 왜 이렇게 나오게 됐는지 생각하고 정리하게 하는 '왜냐하면…'으로 시작하는 이 방법은 마법과 같은 효과로 되돌아옵니다. '왜냐하면…'의 마법, 여러분도 꼭 아이들과 함께 활용해 보시길 바랍니다!

초등 수학 이렇게만 하면 됩니다

말로 설명할 수 없으면
올바로 이해한 것이 아니다

아이들이 배운 수학 개념을 정확하게 이해했는지 확인하는 최고의 방법은 말로 설명해 보게 하는 것입니다. 수학 개념에 대해서 제대로 이해했다는 것은 그 개념을 스스로 머릿속에서 정리하고 그것을 자신의 언어로 설명하고 표현할 수 있다는 것을 의미합니다.

이 과정을 통해서 아이도 '안다'고 생각했는데 친구나 선생님, 엄마에게 막상 설명해 보려고 하니 머릿속에서 잘 정리되지 않음을 알게 되고, 누군가에게 설명하기 어려운 개념 이해 상태를 스스로 파악하게 됩니다. 또한 가르치는 입장에서도 아이가 말로 설명하는 것을 늘으며 어느 지점에서 개념을 제대로 이해하지 못했는지, 또는 잘못 알고 있는 개념은 없는지 파악할 수 있습니다.

이때 중요한 것은 '어떻게(How)'가 아니라 '왜(Why)'에 집중하는 것입니다. 수학 개념 공부의 핵심은 '왜'에 대한 설명이라고 해도 과언이 아닙니다. 4학년 2학기 1단원에서 배우는 분모가 같은 분수의 덧셈을 예로 들어 보겠습니다. $\frac{1}{7} + \frac{2}{7} = \frac{3}{7}$과 같은 동분모의 덧셈을 설명할 때 아이가 "분모가 같은 분수는 분자끼리 더하는 방법으로 계산해야 하기 때문이에요."라고 '어떻게 계산했는지' 설명한다면 올바르게 개념을 이해했다고 할 수 없습니다.

이럴 때는 어떻게 계산했는지에 집중하는 것이 아니라 왜 그런 방법으로 계산해야 하는지를 생각해 보게 하는 것이 필요합니다. 즉 동분모의 덧셈에서 왜 분자끼리 더하는 방법으로 계산하면 되는지를 이해하고 있어야 하는 것이지요.

3학년 1학기 6단원 분수와 소수에서 아이들은 '전체를 똑같이 7로 나눈 것 중의 1을 $\frac{1}{7}$이라고 하고 $\frac{1}{7}$과 같은 수를 분수라고 한다'라고 배웠습니다. 이 개념을 이용한다면 $\frac{1}{7} + \frac{2}{7}$에서 $\frac{1}{7}$은 전체를 똑같이 7로 나눈 것 중의 1, $\frac{2}{7}$는 전체를 7로 나눈 것 중의 2라는 것을 알 수 있고, $\frac{1}{7} + \frac{2}{7}$는 전체를 똑같이 7로 나눈 것 중의 $1 + 2 = 3$, 즉 $\frac{1}{7} + \frac{2}{7} = \frac{3}{7}$이라는 것을 이끌어 낼 수 있습니다. 이것이 바로 동분모의 덧셈의 경우 분모는 그대로 두고 분자의 덧셈으로만 계산하면 되는 이유입니다. 이처럼 '왜'에 집중하면 아이들이 더 효과적인 개념 학습을 할 수 있습니다.

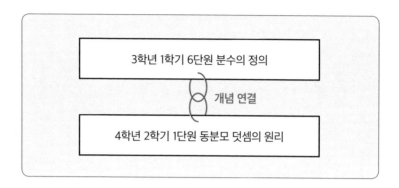

하루에 단 10분이라도 아이가 그날 배운 수학 개념을 말로 설명해 볼 기회를 줘 보세요. 단순히 누군가의 설명을 알아들었다고 해서 내가 이해한 것이 아니라는 것을, 제대로 이해했다면 나의 설명으로 누군가를 이해시킬 수 있어야 한다는 것을 아이들도 자연스럽게 알게 될 것입니다.

수학
문해력

2장

수학 잘하는 아이들의
수학 문해력은 따로 있다

책을 많이 읽으면
수학을 잘할까?

흔히들 "책을 많이 읽어야 수학을 잘한다."라고 말합니다. 학부모 대상으로 강연하다 보면 "선생님, 어려서부터 책을 정말 많이 읽은 아이인데, 수학을 어려워해요. 특히 문장제를 어려워하는데 왜 그럴까요?"와 같은 질문도 심심치 않게 듣곤 합니다. 그런데 정말로 책을 많이 읽으면 수학을 잘하게 될까요? 이 질문에 저는 바로 "아니오."라고 답합니다. 그 이유는 책을 읽는 방법과 수학 문장을 읽는 방법이 다르기 때문입니다.

우리가 책에서 만나는 문장을 읽을 때는 특별히 분석하지 않고 흘려 읽더라도 문장의 뜻을 이해하고 맥락을 파악하는 데 큰 어려움이 없습니다. 그런데 수학 문제에서 만나는 문장은 조금 다릅니다. 수학 문제의 문장 안에는 일단 숫자와 문자가 섞여 있고 그 안에 수학적 개념이 담겨 있습니다. 독서할 때의 문장 읽기처럼 분석 없이 흘려 읽어서는 수학 문제에서 요구하는 조건을 찾아내기 어렵습니다.

책을 많이 읽으면 이해력과 어휘력이 좋아지는 것은 사실입니다. 그리고 수학을 잘하는 아이들을 들여다보면 다른 친구들보다 이해력과 어휘력이 높은 경우가 많습니다. 하지만 높은 이해력과 어휘력만 갖추었다고 무조건 수학을 잘할 수 있는 것은 아닙니다. 수학을 잘하기 위해서 가장 결정적으로 필요한 능력은 '문제 해결 능력'입니다. 문제 해결 능력은 책만 많이 읽는다고 자연스럽게 생기는 능력이 아닙니다. 다양한 수학 문제들을 직접 해결해 가면서 키울 수 있습니다.

물론 수학에서도 기본적인 어휘력과 이해력은 중요합니다. 특히 저학년 아이들의 경우에 수학 용어뿐 아니라 우리가 일상생활에서 사용하는 단어의 뜻을 몰라 문제를 읽고도 그 문제가 무엇을 의미하는지 이해하지 못하는 경우가 종종 있습니다.

다음 쪽에 예시로 든 문제는 시중에서 흔히 볼 수 있는 1학년 수학 문제집에서 발췌한 것입니다. 이 문제를 보고 1학년 아이들이 "선생님! 켤레가 무슨 말이에요?"라고 묻는 일이 종종 있습니다. 이

문제 예시)

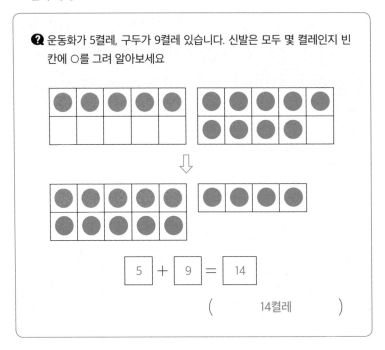

는 생활 용어의 의미를 몰라 질문하는 경우입니다. 이런 아이들에게는 평소 독서를 통해 어휘력을 확장하고 배경지식을 넓히는 것이 우선되어야 합니다.

또 다른 방법으로 수학 문제를 풀기 전에 아이들에게 잘 모르겠거나 이해가 안 되는 단어에 먼저 동그라미를 쳐 보게 합니다. 그런 후 국어사전이나 수학 용어 사전을 활용하여 모르는 일상 용어나 수학 용어의 뜻부터 정확하게 이해하게 한 후 수학 문제를 풀게 하는 것이 도움이 됩니다.

시중에서 구할 수 있는 초등 수학 용어 사전으로《개념연결 초등수학 용어사전》(비아에듀),《초등에서 중등 개념까지 와이즈만 수학사전》(와이즈만 BOOKs) 등이 있으니 참고하여 활용하시길 바랍니다.

수학 교과서에 나오는
수학 용어와 기호, 다 알고 있나요?

1장에서 이야기한 것처럼 많은 학부모가 우리 아이는 문제를 대충 읽어서 자꾸 실수한다고 말합니다. 하지만 실제 아이들 대다수는 문제를 대충 읽어서가 아니라 수학 용어의 정확한 의미를 몰라 문제를 읽어도 그 문제가 무슨 뜻인지 이해하지 못해 틀립니다. 만약 우리 아이가 일상 용어 이해에는 큰 문제가 없음에도 불구하고 문장제 해석에 어려움을 겪고 있다면 현재 아이 학년에 맞는 수학 용어와 기호에 대한 점검이 필요합니다.

다음은 현재 초등 교육과정에서 다루고 있는 영역별, 학년군별로 꼭 알고 있어야 할 수학 용어와 기호입니다. 가정에서도 각 용어와 기호별로 아이가 의미를 제대로 이해하고 설명할 수 있는지 한 번 확인해 보시길 바랍니다. 수학 용어가 의미하는 것은 결국 수학 개념이고, 수학 용어에 대한 이해는 수학 최상위권으로 가기 위해 가장 기본이 되는 첫 단추입니다.

| 꼭 알고 있어야 할 학년별, 영역별 수학 용어와 기호 |

	1~2학년군	3~4학년군	5~6학년군
수와 연산	덧셈, 뺄셈, 곱셈, 짝수, 홀수, +, -, ×, =, 〉, 〈	나눗셈, 몫, 나머지, 나누어떨어진다, 분수, 분모, 분자, 단위분수, 진분수, 가분수, 대분수, 자연수, 소수, 소수점(.), ÷	이상, 이하, 초과, 미만, 올림, 버림, 반올림, 약수, 공약수, 최대공약수, 배수, 공배수, 최소공배수, 약분, 통분, 기약분수
도형과 측정	삼각형, 사각형, 원, 꼭짓점, 변, 시, 분, 약, cm, m	직선, 선분, 반직선, 각, (각의) 꼭짓점, (각의) 변, 직각, 예각, 둔각, 수직, 수선, 평행, 평행선, 원의 중심, 반지름, 지름, 이등변삼각형, 정삼각형, 직각 삼각형, 예각 삼각형, 둔각 삼각형, 직사각형, 정사각형, 사다리꼴, 평행사변형, 마름모, 다각형, 정다각형, 대각선, 초, 도(°), mm, km, L, mL, g, kg, t	합동, 대칭, 대응점, 대응변, 대응각, 선대칭 도형, 점대칭 도형, 대칭축, 대칭의 중심, 직육면체, 정육면체, 면, 모서리, 밑면, 옆면, 겨냥도, 전개도, 각기둥, 각뿔, 원기둥, 원뿔, 구, 모선, 가로, 세로, 밑변, 높이, 원주, 원주율, cm², m², km², cm³, m³
자료와 가능성	표, 그래프	그림 그래프, 막대 그래프, 꺾은선 그래프	평균, 띠 그래프, 원 그래프, 가능성

초등 수학 이렇게만 하면 됩니다

일상 용어와는 다른
수학 용어

수학 용어에는 우리가 일상생활에서 쓰는 것과 그 의미가 조금 다른 용어들도 존재합니다. 따라서 다음과 같이 일상 용어와 다르게 쓰이는 수학 용어에 대해서는 정확하게 구분하여 알아 둘 수 있도록 합니다.

일상에서의 '높이' vs 수학에서의 '높이'

'하늘 높이 나는 새'와 같이 일상에서 사용하는 '높이'라는 단어는 아래서부터 위까지 벌어진 사이가 큰 경우를 나타내는 부사로 많이 사용합니다. 하지만 수학 용어에서 '높이'는 삼각형의 꼭짓점에서 밑변에 그은 수선의 길이와 같이 어떤 도형에서 정의한 지점 사이의 거리를 나타냅니다. 또한 '밑변'이라는 단어도 얼핏 생각하기에 '밑에 있는 변'이라고 이해되지만 수학 도형에서 '밑변'은 다각형의 한 변으로 높이를 재는 방향과 수직을 이루는 변을 말합니다. 그렇기에 수학에서 밑변은 꼭 밑에 있는 변만이 아니라 모든 변이 될 수 있습니다. 이 점도 잘 알고 있어야 합니다.

| 수학 용어 밑변과 높이 |

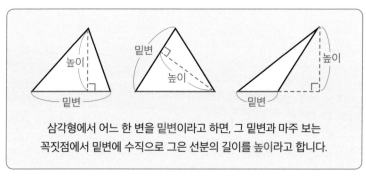

삼각형에서 어느 한 변을 밑변이라고 하면, 그 밑변과 마주 보는 꼭짓점에서 밑변에 수직으로 그은 선분의 길이를 높이라고 합니다.

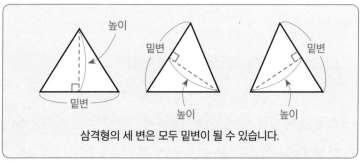

삼격형의 세 변은 모두 밑변이 될 수 있습니다.

초등 수학 이렇게만 하면 됩니다

일상에서의 '밑면' vs 수학에서의 '밑면'

밑면도 마찬가지입니다. 일상 용어에서의 '밑면'은 물건의 아래쪽을 이루는 겉면을 뜻하지만 수학 용어에서의 '밑면'은 꼭 밑에 있는 면을 의미하지 않습니다. 각기둥이나 원기둥에서 서로 평행한 두 면을 말하므로 일상 용어와의 구별이 필요합니다.

| 수학 용어 '밑면' |

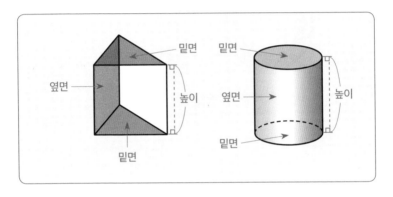

일상에서의 '둘레' vs 수학에서의 '둘레'

'둘레' 역시 일상에서 이미 많이 사용하는 단어입니다. 일상생활에서 '둘레'의 의미는 사물의 테두리나 바깥 언저리 또는 사물의 가를 한 바퀴 돈 길이를 뜻하는 명사로 쓰이지만, 수학에서 '둘레'를 구한다고 할 때는 꼭 도형의 바깥쪽에만 둘레가 있다고 생각하면 틀리는 경우가 있습니다. 예를 들어 다음 그림처럼 안이 비어 있는 도형의 둘레를 구할 때는 안쪽과 바깥쪽 길이를 모두 더해 주어야 둘레가 됨을 이해하고 있어야 합니다.

| 수학 용어 '둘레' |

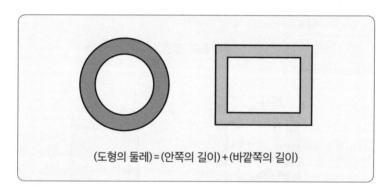

(도형의 둘레)＝(안쪽의 길이)＋(바깥쪽의 길이)

중하위권 친구들이
문장제를 틀리는 이유와 해결책

중하위권 친구들이 문장제를 틀리는 주된 이유로는 문제를 제대로 이해하지 못했기 때문인 경우가 많습니다. 문제를 이해하지 못하는 원인은 앞서 이야기했듯 기본적인 수학 용어의 뜻을 몰라서일 수도 있습니다. 하지만 용어를 알면서도 문장제에서 이야기하는 상황이 어떤 상황인지 머릿속에 그려지지 않아서 문제를 이해하지 못하는 경우도 많습니다.

만약 우리 아이가 문장제를 이해하지 못하는 원인이 기본적인 수학 용어를 잘 알지 못해서라면 앞서 설명한 교과서 수학 어휘부터 탄탄하게 학습시켜 주시면 됩니다. 지금부터는 수학 용어는 알고 있으나 문장제에서 제시하는 상황 이해가 어려운 친구들이 시도해 보면 좋을 해결책에 대해 말씀드리겠습니다.

첫째, 실제로 구현이 가능한 문제는 실제 상황을 만들어서 보여 주는 것이 좋습니다. 예를 들어, 다음과 같이 색 테이프를 이어 붙 여 전체 길이를 구하는 문제는 초등 수학 문제에 매우 자주 등장하 는 유형입니다.

문제 예시)

> ❓ 길이가 4.5cm인 색 테이프 3장을 1.6cm씩 겹치게 이어 붙였습니다. 이 어 붙인 색 테이프 전체 길이는 몇 cm일까요?

풀이 과정은 원래 색 테이프의 전체 길이에서 겹친 부분만큼의 길이를 빼어 구하는 것이지만, 의외로 왜 겹친 부분만큼 길이를 빼 야 하는지 생각하지 못하는 아이들이 많습니다. 그럴 때 저는 아이 들의 이해를 돕기 위해 종이에 띠 포스트잇을 사용하여 실제로 문 제 상황을 구현해 보여줍니다. 이렇게 실제 상황을 실물로 보면서 문제를 이해하고 나면 여러 단원에서 숫자만 바꿔 비슷한 유형의 문제가 나오더라도 아이들이 쉽게 이해할 수 있습니다.

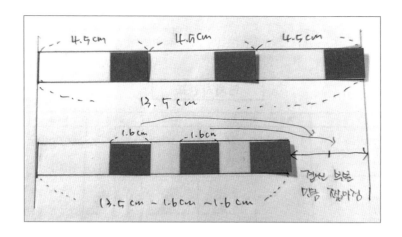

둘째, 상황을 실제로 만들어 보여주기 어려운 문제라면 그림을 그려가며 상황을 보여주는 방법도 있습니다. 특히 문장제는 조건을 그림으로만 나타내도 쉽게 풀리는 경우가 많습니다.

문제 예시)

> ❓ 수박과 참외의 가격은 두 개 합쳐서 12000원입니다. 수박이 참외보다 10000원이 더 비싸다면 참외는 얼마일까요?

초등 과정으로 풀이하면 수박의 가격을 △원, 참외의 가격을 □원이라 하고 식을 세워 다음과 같은 풀이로 나타낼 수 있습니다. 이는 중학교 과정으로 치면 연립방정식의 개념을 활용해야 하는 꽤 어려운 응용문제 유형입니다.

□+△=12000, □+10000=△
□+□+10000=12000, □+□=2000, □=1000

이 문제 상황을 다음과 같이 그림으로 표현하면 훨씬 쉽게 해결됩니다. 수박이 참외보다 10000원 더 비싸다는 것을 그림(막대)으로 표현한 후 선 아랫부분에 참외와 수박의 나머지 가격을 합한 것이 2000원이 되어야 한다는 점을 보여 준 것입니다.

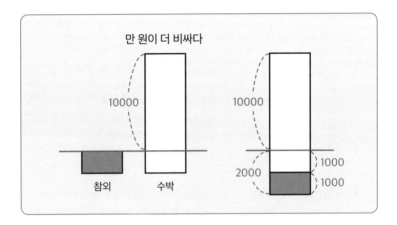

이와 같이 평소 문제를 풀 때 문제를 읽고 문제 상황을 그림으로 표현해 보는 연습을 하게 한다면, 아이도 어느새 문장제에 대한 막연한 두려움을 없애고 문제 해결 전략에 좀 더 쉽게 접근할 수 있게 될 것입니다.

초등 수학 이렇게만 하면 됩니다

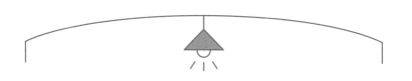

상위권 친구들이
문장제를 틀리는 이유와 해결책

상위권 친구들이 문장제를 틀릴 때 중하위권 친구들의 경우처럼 문제 자체를 이해하지 못해서 틀리는 경우는 거의 없습니다. 이 친구들이 틀리는 원인은 오히려 비슷한 문제를 많이 접해 본 경험으로 문제를 끝까지 제대로 읽지 않은 채 기존에 풀었던 문제와 같은 유형이라고 단정 짓고 빠르게 풀다가 문제에서 요구하는 정답을 구하지 못하는 경우가 대부분입니다. 문제마다 주어진 조건이나 구해야 하는 답이 조금씩 다른 것을 놓치는 것이지요.

또 너무 쉽게 생각하고 빨리 답을 구하고자 하는 욕심에 문제 안에 주어진 조건을 모두 찾아내지 않고 풀어서 오답을 내기도 합니다. 예를 들어 틀린 것을 고르라고 했는데 맞는 것을 고르거나 모두 고르라고 했는데 한 개만 고르거나 두 수를 구해 그 합을 계산해야 하는데 두 수만 구하고 끝낸다거나 하는 경우들이죠.

문제를 대충 읽고 아직 완벽히 문제를 이해하지 않은 상태에서 숫자들을 조합해 식을 세워 푸는 경우도 많습니다. 이런 경우 우연히 답이 맞았을 때 더 큰 문제가 생깁니다.

초등 수학의 경우 중고등 수학에 비해 복잡하고 어려운 문제가 많지 않기 때문에 눈치껏 숫자들을 조합하여 식을 세워 풀었는데 우연히 답이 맞는 경우도 적지 않습니다. 이런 경험이 반복되다 보면 직관적으로 대충 해결하려는 습관에 문제점을 느끼지 못한 채 안 좋은 습관이 굳어질 가능성이 큽니다. 또 이런 습관이 고착되면 나중에 학년이 올라간 후 고치려고 할 때 어려움을 겪게 됩니다.

문제를 꼼꼼히 읽지 않고 본인의 경험에 따라 직감대로 문제를 해결하려 하거나 공식을 이용해 답을 구하려고 하는 습관은 초등 시기에 반드시 바로잡아 주어야 합니다. 무엇보다 수학 문제 해결은 문제를 제대로 파악하는 것에서 시작한다는 점을 초등 시기부터 아이가 분명히 알 수 있도록 세심한 지도가 필요합니다.

수학 문제 분석하며 읽는 습관 ①
문제 거꾸로 읽기

수학에서 문제가 좀 길어지면 덮어놓고 모르겠다고 하는 친구들이 많습니다. 문제를 꼼꼼하게 읽고 생각을 좀 해 보면 얼마든지 풀수 있는 문제임에도 불구하고 문제에 있는 숫자만 보고 "아, 지금 나눗셈 단원이니까 나누기 문제구나."하며 지금 배우고 있는 단원의 연산으로 대충 해결해 보려고 하는 아이들도 많습니다. 문제를 제대로 읽고 이해하게 하려고 "문제를 소리 내서 읽어 봐."라고 시켜도 그때뿐입니다. 문제를 꼼꼼하게 읽는 습관을 잡기란 여간 어려운 게 아닙니다.

수학 문제를 정확하게 풀려면 먼저 문제 내용을 정확하게 파악하는 것이 우선입니다. 이를 위해서는 수학 문제를 분석하며 읽는 습관을 들여야 합니다. 이러한 습관을 들이기 위해 유용한 방법으로 '문제 거꾸로 읽기'가 있습니다. 다음 방법을 참고하여 아이들이 수학 문제 제대로 읽는 법을 익힐 수 있도록 해 주세요.

수학 문제를 읽을 때 가장 먼저 해야 할 것은 문제에서 구하라는 것이 무엇인지 찾는 것입니다. 보통 구하려는 것은 문장의 마지막 부분에 있습니다. 그렇기에 문제를 거꾸로 뒤에서부터 읽으면서 구하라고 하는 것이 무엇인지 밑줄을 치고 다시 처음으로 돌아가 긴 문장은 하나씩 끊어 읽으면서 그 뜻을 이해하는 순서로 읽기를 권합니다. 또 구하려는 것에 필요한 조건이 문제에 어떻게 주어져 있는지 잘 살펴보고 주어진 조건에 모두 표시하며 빠뜨리지 않고 꼼꼼히 읽을 수 있도록 하는 연습도 필요합니다. 이때 문제에 주어진 조건들을 모두 적용시켜야 문제가 풀린다는 것을 아이가 미리 알게 해 주세요.

이렇게 문제에서 구하려고 하는 것이 무엇인지 확인하고, 그것을 구하기 위해 제시한 조건들을 모두 찾은 다음에는 문장으로 제시한 수학 문제를 수식으로 전환 시켜야 합니다. 아이가 이 과정을 어려워한다면 문장제와 같은 것을 묻고 있는 연산 문제를 나란히 놓고 비교하면서 두 가지 유형의 문제가 결국 같은 문제라는 사실을 보여주며 문제 형식 간의 관계를 파악하게 해 주어도 좋습니다.

초등 수학 이렇게만 하면 됩니다

수학 교재 개발자들이 실제 문제를 출제할 때는 해당 차시의 개념과 그 개념을 묻는 기본 문제들을 기준으로 여러 가지 다양한 변형 문제를 만들어 냅니다. 이러한 출제 방식을 이해하고 구체적인 예시와 방법은 아래 내용을 참고해 주세요.

기본 문제)

> □ 안에 알맞은 수를 구하시오.
>
> $$□÷7=11\cdots5$$
>
> 답: 82

변형 문제 ①)

> 어떤 수를 ⑦로 나누었더니 / 몫이 ⑪이고 / 나머지가 ⑤였습니다.
> 조건1   조건2   조건3
> 어떤 수는 얼마일까요?
> 구하려는 것

변형 문제 ②)

> 털실을 한 도막에 7cm씩 잘랐더니 / 11도막이 되고 / 5cm가 남았습니다.
> 조건1   조건2   조건3
> 자르기 전의 털실은 몇 cm일까요?
> 구하려는 것

수학 문제 분석하며 읽는 습관 ②
출제자의 의도 파악하기

여러 교재에 실리는 수학 문제를 출제할 때 저는 해당 차시의 개념과 그 개념을 묻는 기본 문제를 기준 삼아 활용합니다. 이해하기 쉽게 요리에 비유하자면 수학 개념과 그 개념을 바로 확인할 수 있는 기본 문제는 원재료이고, 그 원재료에 다양한 양념을 섞어 여러 가지 유형과 난이도의 문제를 요리로 만들어 내는 것입니다. 그러니 해당 차시의 개념을 제대로 이해한 상태에서 문제가 어떤 식으로 변형되는지 출제자의 의도를 파악할 수 있다면 문제 해결에 훨씬 쉽게 접근할 수 있습니다.

이를 위해 가장 효과적인 방법은 실제로 배운 개념을 가지고 아

초등 수학 이렇게만 하면 됩니다

이들이 여러 수학 문제를 직접 만들어 보는 것입니다. 하지만 처음부터 아이들이 수학 문제를 만들기는 어려울 수 있습니다. 이때 다음으로 생각해 볼 방법이 바로 이미 만들어진 수학 문제를 출제자입장에서 분석해 보는 것입니다. 기본 문제에서 어떤 조건이 추가되어 문제의 수준이 올라간 것인지, 어디가 어떻게 변해서 다른 유형의 문제로 변형된 것인지, 같은 개념을 묻는 문제인데 어째서 어떤 문제는 수준이 '하'이고, 어떤 문제는 수준이 '상'인지 등 문제를 분석적으로 해석해 보는 겁니다. 이는 출제자의 의도를 이해하고 문제 해결에 쉽게 접근하는 데 매우 유용한 방법입니다.

3학년 1학기 5단원 '길이와 시간'에 나오는 개념을 바탕으로 예를 들어 보겠습니다. 이 단원에서는 시, 분, 초 단위의 시간의 합과 차를 배웁니다. 아래 예시의 기본 문제에서 어떻게 문제가 변형되었는지 살펴보시길 바랍니다.

기본 문제 - 수준 〈하〉

□ 안에 알맞은 수를 써넣으세요.

$$\begin{array}{r} 9\text{시} \ \ 48\text{분} \ \ 22\text{초} \\ + \ \ \ \ \ \ 24\text{분} \ \ 45\text{초} \\ \hline \boxed{10}\text{시} \ \boxed{13}\text{분} \ \boxed{7}\text{초} \end{array}$$

변형 문제 유형 1 - 수준 〈중〉

□ 안에 알맞은 수를 써넣으세요.

$$\boxed{24} 분 \boxed{45} 초 \ 후$$
9시 48분 22초 ⇒ 10시 13분 7초

시간의 덧셈과 뺄셈 사이의 관계를 알아야 하는 조건이 추가되면서 수준이 올라감

변형 문제 유형 2 - 수준 〈중상〉

민희가 오전에 독서를 시작한 시각과 끝낸 시각을 나타낸 것입니다. 민희가 독서를 한 시간은 몇 분 몇 초일까요?

시작한 시각

끝난 시각

시각을 직접 주지 않고 시계를 보고 시각을 읽어야 하는 과정이 추가되면서 수준이 올라감

초등 수학 이렇게만 하면 됩니다

어느 날 해가 뜬 시각과 해가 진 시각입니다. 이날 밤의 길이는 몇 시간 몇 분 몇 초일까요?

해가 뜬 시각	해가 진 시각
오전 6시 35분 50초	오후 5시 54분 40초

오전과 오후의 개념, 하루가 24시간이라는 조건, 낮의 길이는 해가 떠서 해가 지기까지라는 조건 등을 생각해 내어 문제에 적용시켜야 하는 심화 문제로 변형

이처럼 수학 문제는 기본 개념을 묻는 문제의 난이도에 따라 여러 변형 유형으로 다른 문제들이 출제될 수 있습니다. 이런 방식으로 출제자의 의도를 파악하는 연습은 문제 해결에 접근하는 중요한 방법이 됩니다. 문제를 풀 때 문제를 푸는 학생의 입장만이 아니라 이 문제를 출제한 출제자의 입장으로 문제를 바라본다면 문제가 좀 더 쉽게 풀릴 수 있다는 사실을 아이들이 꼭 알 수 있게 해 주세요.

마지막 단계는 문제를 직접 만들어 보는 것입니다. 문제 만들기에 가장 적당한 영역은 '연산'입니다. 아이에게 복잡한 계산식을 만들게 하는 것은 자칫 어렵게 느껴지는 수학을 더 어렵게 만들 수 있으므로 계산이 간단한 연산 개념을 배웠을 때 활용해 보기를 추천합니다.

특히 상대적으로 간단한 연산을 배우는 저학년 때부터 지금 배우고 있는 계산식을 문장제로 만들어 볼 수 있는 기회를 주는 것이 좋습니다. 문제를 글로 적어 내기가 어렵다면 말로 해 보는 것도 충분히 의미 있는 활동입니다. 실제로 아이들에게 이런 활동을 시켜 보면 아이는 자기가 실제로 경험했던 상황과 소재를 떠올리며 문제를 만들려고 할 겁니다. 본인이 겪었던 사실이나 체험 상황을 이용하여 문제를 만들어 보는 연습은 수학에서 식을 세우는 힘뿐만 아니라 본인의 경험을 글로 표현하는 힘까지 기를 수 있는 일석이조의 효과가 있습니다.

처음에 접근을 어려워한다면 부모님이 "집에서 키우는 강아지는 하루에 사료를 얼마나 먹을까?", "형은 하루에 우유를 얼마나 마실까?"와 같이 가까이에 있는 실생활을 소재로 질문을 이끌어 주시면 좋습니다. 만약 $\frac{1}{3} + \frac{2}{3}$ 같은 분수의 덧셈을 배운다면 이를 서술형으로 풀어 "지호는 오전에 우유를 $\frac{1}{3}$L 마셨고 오후에 $\frac{2}{3}$L를 마셨습니다. 지호가 오전과 오후에 마신 우유는 모두 몇 L일까요?"와 같이 문제를 만들어 낼 수 있습니다. 이는 사물이나 그림 없이도 그 개념을 다룰 수 있다는 뜻이므로 아이 머릿속에서 그 개념에 대한 추상화 단계가 끝났다는 의미로도 볼 수 있습니다. 요즘 중요하게 강조되는 융합 수학, 실생활 수학을 멀리서 거창하게 찾을 필요 없이 집에서도 이렇게 실천해 볼 수 있습니다.

초등 수학 이렇게만 하면 됩니다

우리가 수영을 배울 때 수영하는 장면을 아무리 열심히 본다고 해서 자연스럽게 수영하는 법을 배울 수 없는 것처럼 수학도 마찬가지입니다. 수학 개념을 보고 듣기만 해서는 완전히 이해하기 어렵습니다. 스스로 문제를 만들 수 있는 단계야말로 수학 개념을 완전히 이해했는지 알아볼 수 있는 가장 좋은 방법입니다. 아이가 수학 문제를 만들 수 있게 되면 문장제를 수식으로 바꾸어 계산하는 것도 자연스럽게 능숙해질 수 있습니다.

왜 우리 아이는
풀이 과정을 쓰지 않으려는 걸까?

수학 교육과정이 개편되면서 수학 교육의 패러다임도 바뀌고 있습니다. 수학 교육 방향이 결과 중심에서 과정 중심으로 바뀌며 이에 따라 정답을 찾아가는 방향도 선택형에서 서술형으로 변화하고 있습니다. 초등학교에서는 시험을 치르지 않아 아직 체감하지 못하겠지만 중학교 수행 평가만 봐도 서술형 평가가 절반 이상을 차지하는 학교가 많습니다.

서술형 문제는 답만 맞으면 되는 문제와는 달리 그 답을 찾는 과정을 논리적이고 설득력 있게 표현해야만 합니다. 따라서 평소에 수학 문제를 풀 때 꼼꼼하게 순서에 따라 본인의 해결 과정을 적어

74

가며 푸는 습관이 배어 있어야 잘할 수 있습니다. 그런데 아이들 상당수가 서술형 문제라고 표시된 문제조차 해결 과정은커녕 간단한 계산식 한두 줄도 겨우 써내고 풀이 과정을 다 썼다고 합니다. 문제를 해결하기 위한 계산식을 적는 것과 문제를 해결하는 과정을 정리해서 쓰는 것은 다릅니다. 이런 아이들에게는 먼저 이러한 사실을 인지시켜 주는 것이 중요합니다.

그런데 왜 아이들은 풀이 과정 쓰는 것을 이렇게 힘들어하는 걸까요? 아이가 수학 문제를 풀 때 풀이 과정이나 식을 쓰지 않으려고 하는 이유는 크게 두 가지입니다.

첫 번째로, 수학 문제는 풀어서 답만 맞으면 된다고 생각하는 아이들이 많습니다. 군이 귀찮게 풀이 과정을 왜 써야 하는지 그 필요성에 대해 잘 알지 못하는 경우입니다. 수학 문제를 풀 때 계산 과정을 문제집 한 귀퉁이 또는 연습장 여기저기에 본인도 알아보지 못할 글씨로 뒤죽박죽 써 가며 문제를 푸는 아이들을 많이 보아 왔습니다. 이런 아이들에게는 근본적으로 수학 문제를 풀 때 왜 풀이 과정을 정리해 가며 문제를 풀어야 하는지 그 필요성에 대해 먼저 인지시켜 주어야 합니다.

저는 이런 아이들의 경우 풀이 과정이 복잡한 문제를 틀렸을 때를 활용합니다. "네가 풀이 과정을 알아볼 수 없게 써 놓아서(또는 쓰지 않아서) 어디까지 맞았고, 어디서부터 틀렸는지 선생님이 찾아

줄 수가 없네. 안타깝지만 어쩔 수 없이 이 문제는 처음부터 다 다시 풀어야겠다. 풀이 과정만 제대로 써 놓았어도 틀린 부분만 고치면 금방 해결할 수 있었는데….”라고 이야기해 주며 처음부터 문제를 다시 푸는 귀찮음을 느끼게 해 주는 것이지요.

풀이 과정을 적는 것은 시간도 오래 걸리고 귀찮은 일처럼 여겨지기도 합니다. 하지만 이렇게 문제를 틀렸을 경우 풀이 과정을 알아보기 쉽게 바른 글씨로 잘 정리했다면 어디서부터 잘못됐는지 찾기 쉽고, 다시 처음부터 문제를 풀지 않아도 틀린 부분부터 고치면 되기 때문에 시간을 절약할 수 있습니다. 결과적으로 풀이 과정을 바르게 적는 것이 본인에게 더 유리한 방법임을 경험으로 알게 해 줄 수 있습니다.

두 번째로, 수학 문제를 풀면서 그 해결 과정이 아이 머릿속에 정리되지 않았거나 정리하는 능력이 부족한 경우입니다. 아이가 풀이 과정을 써야 할 필요성을 알고 있다고 하더라도 머릿속에서 문제풀이 과정이 정리가 안 되거나 정리하는 능력이 부족한 경우에는 논리적으로 풀이 과정을 적어 내기가 쉽지 않습니다. 서술형 문제에 풀이 과정을 써보라고 하면 그 문제의 답을 찾기 위해 계산했던 더하기, 빼기, 곱하기, 나누기의 계산식들만 빽빽하게 적어 내는 아이들을 종종 보아왔습니다.

이런 아이들의 경우 풀이 과정이 복잡한 문제를 맞혔을 때를 잘 활용합니다. 아이가 수학 문제를 풀어서 답을 맞혔다면 답이 맞았음을 알려주고, 방금 푼 문제를 어떻게 풀었는지 선생님에게(또는 엄마에게) 설명해 달라고 합니다. 아이는 방금 본인이 문제를 풀어서 맞혔다는 사실을 알고 있기 때문에 이때에는 자신 있게 문제 푼 방법을 말로 설명할 수 있습니다. 그다음에 바로 이어서 "방금 네가 말한 그대로 글로 한번 적어보자"라고 합니다. 아이는 방금 풀이 과정을 말로 설명하면서 머릿속에서 그 과정이 한 번 정리되었기 때문에 글로 풀이 과정을 적는 것을 처음처럼 그렇게 어려워하지 않습니다.

이때 아이의 풀이가 다소 미흡하고 논리적이지 못하더라도 반복해서 다시 쓰게 시킨다거나 선생님이나 엄마가 억지로 바로 잡아 주려고 하지 않는 것이 중요합니다. 글로 자기 생각을 적어 내는 것에 부담이 없고 자신이 생겨야 꾸준하게 연습할 수 있기 때문입니다.

연산

3장

옆집 엄마에게 흔들리지 않는
내 아이 **연산** 학습

옆집 엄마의 조언에
흔들리는 것은 이제 그만!

목동진주쌤으로 활동하면서 학부모들의 고민을 직접 듣게 될 기회가 많았습니다. 그중에 가장 놀랐던 부분이 있는데, 많은 학부모가 아이의 수학 교과 진도와 연산 진도를 따로 생각하고 있다는 점이었습니다.

예를 들어, 아이의 현재 수학 진도에 관해 물으면 "교과 진도는 4학년 2학기 부분을 나가고 있고, 연산 진도는 중학 수학을 하고 있어요."라고 답하는 식이었습니다. 그리고 그중 다수는 "아이가 연산 학습지를 통해 진도를 나갈 때 진도가 쭉쭉 나가서 수학을 매우 잘한다고 생각했는데, 교과 진도를 나가다 보니 수학을 어려워하는 것 같다."라며 아이의 수학 학습 불균형에 대해 고민을 토로했습니다. 왜 이런 일이 생기는 걸까요?

초등 수학은 2015 교육과정에서 수와 연산, 도형, 측정, 규칙성과 함수, 자료와 가능성의 5개의 영역으로 구성되어 있던 것이 2022 교육과정 개편에 따라 수와 연산, 도형과 측정, 변화와 관계, 자료와 가능성의 4개 영역으로 통합되었습니다.

| 초등 수학 교육과정 영역 변화 |

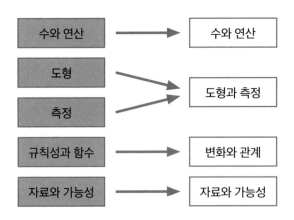

구체적으로 2022 개정 교육과정에 따른 학년별 수학 과목의 단원 제목을 살펴보면 다음의 표와 같습니다. 표에서 보는 것과 같이 초등 6개 학년 전체 단원 71개 중에 붉은색으로 표시한 34개 단원이 '수와 연산' 영역에 해당합니다. 전체 4개 영역 중에서 '수와 연

초등 수학 이렇게만 하면 됩니다

| 2022 개정 교육과정에 따른 초등 수학 학년별 단원 |

1학년	2학년	3학년	4학년	5학년	6학년
1. 9까지의 수 2. 여러 가지 모양 3. 덧셈과 뺄셈 4. 비교하기 5. 50까지의 수	1. 세 자리 수 2. 여러 가지 도형 3. 덧셈과 뺄셈 4. 길이 재기 5. 분류하기 6. 곱셈	1. 덧셈과 뺄셈 2. 평면도형 3. 나눗셈 4. 곱셈 5. 길이와 시간 6. 분수와 소수	1. 큰 수 2. 각도 3. 곱셈과 나눗셈 4. 평면도형의 이동 5. 막대그래프 6. 규칙 찾기	1. 자연수의 혼합 계산 2. 약수와 배수 3. 대응 관계 4. 약분과 통분 5. 분수의 덧셈과 뺄셈 6. 다각형의 둘레와 넓이	1. 분수의 나눗셈 2. 각기둥과 각뿔 3. 소수의 나눗셈 4. 비와 비율 5. 띠 그래프와 원 그래프 6. 직육면체의 겉넓이와 부피
1. 100까지의 수 2. 덧셈과 뺄셈(1) 3. 여러 가지 모양 4. 덧셈과 뺄셈(2) 5. 시계 보기와 규칙 찾기 6. 덧셈과 뺄셈(3)	1. 네 자리 수 2. 곱셈 구구 3. 길이 재기 4. 시각과 시간 5. 표와 그래프 6. 규칙 찾기	1. 곱셈 2. 나눗셈 3. 원 4. 분수 5. 들이와 무게 6. 그림그래프	1. 분수의 덧셈과 뺄셈 2. 삼각형 3. 소수의 덧셈과 뺄셈 4. 사각형 5. 꺾은선그래프 6. 다각형	1. 수의 범위와 어림하기 2. 분수의 곱셈 3. 합동과 대칭 4. 소수의 곱셈 5. 직육면체 6. 평균과 가능성	1. 분수의 나눗셈 2. 소수의 나눗셈 3. 공간과 입체 4. 비례식과 비례배분 5. 원의 넓이 6. 원기둥, 원뿔, 구

단원명은 일부 바뀔 수 있음

산' 영역이 절반 가까이 차지하는 것이죠. 이를 단순하게 보면 초등 수학 중에 수와 연산 부분이 가장 중요하다고 생각할 수도 있을 것입니다. 특히 저학년인 초등학교 3학년까지 수학 단원에서는 전체 단원 35개 중 19개 단원, 즉 절반이 넘는 내용이 수와 연산 영역에 집중된 것을 확인할 수 있습니다.

이런 이유로 저학년에서는 연산이 빠른 친구들이 수학을 잘하는 것으로 보입니다. 이때 조심해야 할 것이 있으니, 바로 옆집 엄마의 조언입니다. 대개 3학년 아이를 키우고 있는 옆집 엄마가 1학년 아이를 키우고 있는 엄마에게 이런 말을 해줍니다. "연산이 빠르고 정확하게 되어야 수학을 잘할 수 있어! 연산은 매일 꾸준히 두 장씩 해서 진도를 빨리 빼 놓는 것이 좋아."와 같은 조언입니다.

사실 뒤집어서 생각해 보면 연산은 앞에서 확인한 것과 같이 초등 수학의 전 과정에 걸쳐서 계속 반복됩니다. 별도로 반복적인 훈련을 시키지 않아도 꾸준히 접하면서 자연스럽게 훈련할 수 있습니다. 그렇기에 연산의 원리 이해를 바탕으로 기본기만 잘 갖추면 크게 문제 되지 않는 영역입니다.

만약 아이가 교과 진도와 별개로 연산 진도를 나가며 계산 방법만 익히고 연습하는 형태로 연산 학습을 하고 있다면, 이런 방식의 진도는 교과 개념을 익히고 나가는 진도보다 당연히 빠를 수밖에 없습니다. 하지만 교과 개념이 다 잡히지 않은 상태에서 이런 식으로 문제 풀이 방식을 배워 연산만 선행해 나가는 학습 방법에는 큰 문제가 있습니다. 이 부분에 대해 다음 장에서 좀 더 자세히 설명하겠습니다.

너 나눗셈
진짜 잘 알아?

흔히 초등학생들 입에서 '수포자'라는 말이 나오는 고비가 두 번 있습니다. 그중 첫 번째가 3학년 과정에서 '분수'를 만날 때이고요, 두 번째가 5학년 수학을 만날 때입니다. 분수는 그동안 자연수 범위에서만 수를 다루던 아이들이 새로운 형태의 수를 만나게 된 것이니 수의 확장이라는 의미에서도 아이들에게 당연히 어렵게 느껴질 수밖에 없습니다.

이렇게 아이들이 분수를 어려워하는 시기가 오면 학부모들은 대부분 분수 영역이 집중적으로 나오는 학습지나 문제집을 가져와 아이에게 추가 학습을 시킵니다. 그런데 이런 방법이 그다지 효과를

초등 수학 이렇게만 하면 됩니다

보지 못하는 경우가 많습니다. 이때 제가 권하는 방법은 따로 있습니다. 아이가 분수를 어려워한다면 분수 문제를 더 풀리기 이전에 나눗셈부터 되돌아보는 것입니다.

연산 진도를 나가는 아이들을 보면, 곱셈 구구를 외운 후 곱셈 연습에 이어 바로 나눗셈 계산 연습으로 들어갑니다. 이때 아이들은 외운 곱셈 구구를 이용하여 어렵지 않게 8÷2의 몫은 4라는 답을 구해 냅니다. 이렇게 나눗셈식의 답을 구할 줄 알면 아이들뿐 아니라 학부모들도 우리 아이가 나눗셈을 잘하고 있다고 생각하지요.

초등 교육과정에서는 3학년 1학기 3단원에서 처음 나눗셈의 개념을 배웁니다. 이때 곱셈 구구를 이용해 나눗셈의 몫을 구하는 방법은 교과 차시의 순서상 나눗셈 차시의 가장 마지막에 나오는 방법입니다. 아래 교사용 지도서의 내용을 참고해 보시길 바랍니다.

영역	평가 내용	관련 차시
내용	1. 똑같이 나누는 활동을 통해 나눗셈을 이해하고 나눗셈식으로 나타낼 수 있는가?	2
	2. 묶어 세는 활동을 통해 나눗셈을 이해하고 나눗셈식으로 나타낼 수 있는가?	3
	3. 곱셈과 나눗셈의 관계를 알 수 있는가?	4
	4. 나눗셈의 몫을 곱셈식으로 구할 수 있는가?	5
	5. 나눗셈의 몫을 곱셈 구구로 구할 수 있는가?	6

출처: 교사용 지도서 〈3학년 1학기 3단원 교과 차시 순서 및 평가 내용〉

곱셈 구구를 이용해서 나눗셈의 몫을 구하기에 앞서 곱셈과 나눗셈의 관계에 대한 이해가 필요하고, 그보다 앞서 나눗셈의 두 가지 다른 의미, 즉 똑같이 나누어 주는 나눗셈(등분제 나눗셈)과 같은

| 등분제 나눗셈 |

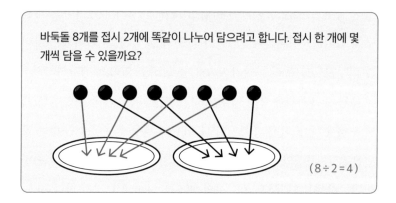

| 포함제 나눗셈 |

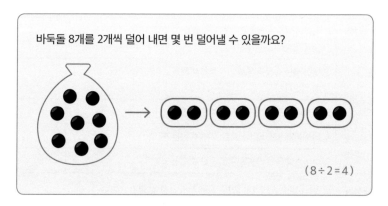

초등 수학 이렇게만 하면 됩니다

양이 몇 번 들어있는지 덜어 내는 나눗셈(포함제 나눗셈)에 대한 개념 학습이 필요합니다.

교과서는 이렇게 순차적으로 아이들이 나눗셈 개념을 이해할 수 있도록 학습을 안내합니다. 학교 수업 시간에도 선생님이 이러한 내용을 하나하나 빠뜨리지 않고 수업합니다. 그런데 이미 자기는 나눗셈식의 몫을 구할 수 있다고 생각하는 아이들은 이런 수업 내용을 귀담아듣지 않습니다. 나는 이미 나눗셈하는 법을 안다고 착각하고 있으니까요. 문제는 여기에서 발생합니다.

등분제 나눗셈은 분수 개념의 밑바탕입니다. '전체를 똑같이 몇으로 나눈 것 중의 얼마'라는 분수의 의미를 이해하기 어려운 아이들은 등분제 나눗셈의 개념을 제대로 이해하지 못한 채 넘어왔을 가능성이 큽니다. 부모님은 우리 아이가 나눗셈에 문제가 있어서 지금 분수를 어려워하는 것이라고는 생각하지 못하는 것이죠.

그러니 아이가 분수를 어려워한다면 먼저 나눗셈의 이해 과정에서 아이가 제대로 이해하지 못하고 넘어간 부분은 없는지 다시 한번 확인해 주시는 것이 좋습니다.

덧셈, 뺄셈이라고
만만하게 생각하지 마세요!

나눗셈은 사칙연산 중에 가장 어려운 부분입니다. 덧셈, 뺄셈, 곱셈을 모두 이해한 후에 배우는 개념이라 다루는 내용이 많기에 아이들이 더 까다롭게 여길 수 있습니다. 그렇다면 아이들이 사칙연산 중에 가장 처음 접하는 덧셈, 뺄셈은 어떨까요? 이도 학습하는 과정은 나눗셈과 같습니다.

아이들 대부분은 1, 2학년 수학이 매우 쉽다고 생각합니다. 또 실제로 계산 결과를 구하는 단순 덧셈, 뺄셈 문제들은 어렵지 않게 정답을 적어 냅니다. 그런데 수학 교과서는 덧셈, 뺄셈을 배우는 과정도 달리 접근합니다. 다음 그림에서 보듯이 한 자리 수의 덧셈을 할 때도 교과서는 다양한 계산 방법을 소개하고 있습니다.

덧셈 계산 방법 ①)

덧셈 계산 방법 ②)

1학년 2학기 '덧셈과 뺄셈' 중

뺄셈도 마찬가지입니다. 단순히 받아올림과 받아내림하는 방법을 알려주고 답을 구하는 계산식의 연습이 아니라 여러 가지 방법으로 다양한 수의 합성과 분해를 이용하여 계산해 볼 수 있도록 지도합니다.

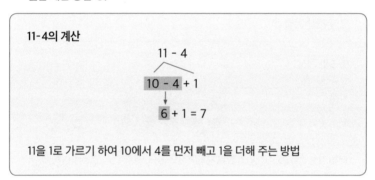

11-4의 계산

$$11 - 4$$

11 - 1 - 3

↓

10 - 3 = 7

4를 1과 3으로 가르기 하여 11에서 1을 먼저 빼고 3을 더 빼 주는 방법

뺄셈 계산 방법 ②)

11-4의 계산

$$11 - 4$$

10 - 4 + 1

↓

6 + 1 = 7

11을 1로 가르기 하여 10에서 4를 먼저 빼고 1을 더해 주는 방법

1학년 2학기 '덧셈과 뺄셈' 중

2학년으로 올라가서 두 자리 수의 덧셈과 뺄셈을 배울 때에도 역시 1학년 때 배운 내용의 연장선입니다. 2학년 1학기 3단원의 덧셈과 뺄셈에서 배우는 (두 자리 수)-(두 자리 수)의 내용을 예로 들어 설명해 보겠습니다.

56-19의 결과는 37입니다. 미취학 때부터 연산 학습지로 덧셈

과 뺄셈의 세로식 계산 연습을 반복해 온 아이들은 이런 뺄셈쯤이야 몇 초 만에 답을 적어 낼 수도 있습니다. 하지만 이 단원도 마찬가지로 교과서 차시를 자세히 들여다보면 여러 가지 방법으로 뺄셈을 해 보도록 유도하고 있는 걸 알 수 있습니다. 아이들에게 도움을 주고자 한다면 다음과 같은 다양한 방법들을 아이들이 실제로 떠올려 볼 수 있도록 지도하는 것이 중요합니다.

| 56-19를 여러 가지 방법으로 계산하기 |

(방법1) 56에서 20을 뺀 후 1을 더해 주는 방법
$$56-19=56-20+1=36+1=37$$

(방법2) 56에서 10을 먼저 빼고 9를 빼는 방법
$$56-19=56-10-9=46-9=37$$

(방법3) 56을 50과 6으로 가른 후 50에서 19를 빼고 6을 더하는 방법
$$56-19=50-19+6=31+6=37$$

(방법4) 56을 60으로 만들어 19를 빼고 4를 빼는 방법
$$56-19=60-19-4=41-4=37$$

(방법5) 56에서 16을 먼저 빼고 3을 빼는 방법
$$56-19=56-16-3=40-3=37$$

2학년 1학기 '덧셈과 뺄셈' 중

학습지로 연산 선행을 먼저 해 온 아이들일수록 이렇게 여러 가지 방법으로 덧셈, 뺄셈하는 것을 매우 어려워합니다. 그저 실수 없

이 계산해서 빠른 시간에 정확한 답만 구하면 되는 덧셈, 뺄셈을 왜 이렇게까지 다양한 방법으로 생각해 봐야 하는지 궁금하게 여겨 본 적 없는 아이들이기에 이 내용이 더욱 이해가 안 되고 어렵게만 느껴질 것입니다.

수학은 단순히 계산해서 답을 구하는 과목이 아닙니다. 간단한 덧셈, 뺄셈이라 해도 여러 가지 방법으로 수를 분해하고 합성하는 과정을 통해 사고력을 키우는 것이 중요합니다. 이 점을 아이들도 인식할 수 있도록 부모님이 옆에서 도와주시길 바랍니다.

기계적인
연산 선행의 폐해

최근에 초등 수학 2학년 과정까지 교과 학습을 끝낸 친구들을 대상으로 레벨 테스트를 해 볼 기회가 있었습니다. 당시 시험 문제 중 하나로 초등 수학 2학년 교과 문제 중 아주 기본적인 문제로 앞에서 언급했던 여러 가지 방법으로 덧셈하기에 해당하는 문제를 출제했습니다. 그 문제는 출제자로서 정답률 70%를 예상한 매우 쉬운 수준의 문제이기도 했습니다. 하지만 결과는 제 예상과 전혀 달랐습니다. 테스트에 응했던 아이들 전원이 이 문제를 틀린 것입니다.

왜 이런 결과가 나왔을까요? 아이들에게 오랫동안 수학을 가르쳐 온 저도 무척 당황스러웠던 기억이 있고, 그 일은 지금 이 글을 쓰게 만든 큰 이유가 되었습니다.

아래 문제는 당시 출제했던 문제입니다. 26 + 38을 계산할 때 다음과 같이 26을 20과 6으로, 38을 30과 8로 가르기 하여 생각하고, 그 후 20과 30을 더하고 6과 8을 더하여 각각의 계산 결과를 더하는 방법으로 답을 구하는 문제입니다. 계산 과정의 빈칸 안에 적당한 수를 넣어야 하는 문제였죠.

$$26 + 38 = 20 + \boxed{6} + 30 + \boxed{8}$$
$$= 50 + \boxed{14} = \boxed{64}$$

학생 1   학생 2   학생 3

학생 1, 학생 2, 학생 3 세 명의 풀이 과정을 먼저 살펴봐 주시길 바랍니다. 모두 이 문제에서 요구하는 의미는 생각하지 못한 채 답을 거꾸로 찾아가기 시작하는 걸 볼 수 있습니다.

먼저 26과 38의 합을 구해 놓은 모습이 눈에 띕니다. 이 아이들에게 덧셈 결과 구하기는 너무나 쉬운 계산이니 64라는 답이 쉽게 나왔을 것입니다. 그런데 64를 가장 마지막 □ 안에 먼저 써넣고,

나머지 □들에 써넣어야 할 수들이 무엇인지 고민하기 시작한 흔적들이 보입니다. 64 앞에 있는 □는 50과 더해서 64를 만들어 주는 수이어야 하니 14까지는 써넣은 것 같습니다. 그런데 앞에 있는 두 개의 □들에 무엇을 써넣어야 할지 다들 생각해 내지 못합니다.

덧셈, 뺄셈 교육은 단지 알고리즘으로 계산값을 구하는 것이 다가 아닙니다. 이 사실을 인지하지 못한 채 진행한 잘못된 방법의 연산 선행이 불러온 결과로 보여 씁쓸했던 기억이 있습니다.

빠른 속도를 위해 매일 연산 연습을 해야만 한다는 불안한 마음으로 아이에게 무의미한 연산 선행을 시키고 있던 부모님이라면, 이 글을 읽으신 후 이제 불안한 마음은 조금 내려놓으시길 바랍니다. 우리 아이가 현재 연산 때문에 수학을 못하고 있는 게 아니라면 매일 지겹게 연습시켰던 연산 학습지는 잠시 접어 두셔도 좋습니다.

올바른 연산 학습법 ①
수 감각을 키우는 것이 먼저!

그렇다면 어떻게 연산 학습을 해야 올바르게 학습하는 것일까요? 이 질문에 대한 답을 얻으려면 연산 학습의 목적부터 생각해 볼 필요가 있습니다. 연산은 아이들이 수학적 사고력을 키우기 위해서 해결해야 할 수학 문제를 풀어내는 도구로 활용하기 위한 것입니다. 도구를 잘 활용하려면 올바른 도구 활용법을 알아야겠지요. 지금부터 올바른 연산 학습법을 이야기해 보겠습니다.

언젠가 수학 학습 콘텐츠를 다루는 제법 유명한 유튜브 채널에 출연하여 '연산 학습'에 대해 이야기한 적이 있습니다. 저는 모든 아이들이 연산 문제집을 매일 풀어야 하는 것은 아니며, 교과 개념도

초등 수학 이렇게만 하면 됩니다

다 배우지 않은 상태에서 문제 풀이 방식만 빠르게 배워 학습지로 연산만 선행하는 건 바람직하지 않다는 취지로 이야기했지요. 그런데 그 영상에 달린 댓글 중에 유독 비판적인 악플이 하나 보였습니다. 궁금한 마음에 그 댓글을 쓴 아이디를 클릭해 보니 시중에 유명한 연산 방문 학습지 교사였습니다. 제 이야기는 '연산 학습지로 연산 학습을 하는 것이 잘못됐다'라는 뜻이 아니었는데 오해를 하신 듯했습니다. 지금도 그때의 씁쓸함이 생생하게 남아 있습니다.

다시 말씀드리지만, 모든 아이가 매일 연산 문제집을 풀어야 하는 것은 아닙니다. 특히 아직 초등학교 입학 전인 미취학 아이들이나 초등학교 저학년 친구들의 경우, 저는 기계적인 연산 연습보다는 수 감각을 키우는 활동을 더 추천합니다. 수 감각, 즉 수를 자유자재로 사용할 수 있는 능력이나 재능을 키우게 되면 연산 속도를 높이기 위해서 반복적인 연습을 하지 않아도 자연스럽게 수를 합성, 분해하여 계산을 빠르고 쉽게 할 수 있기 때문입니다.

예를 들어 19 + 7을 계산할 때 수 감각이 발달하지 않은 친구들은 그대로 계산하지만 수의 합성과 분해가 익숙한 아이들은 19를 20으로 만들어 20과 6을 더하는 계산을 합니다. 또한 곱셈과 나눗셈을 할 때도 다음 쪽에 나오는 다양한 방법을 이용하여 계산하기 쉬운 수로 바꾸어 빠르게 계산하기도 합니다.

아직 수 감각이 부족한 아이라면 구체물을 활용하는 것이 좋습

| 수 감각을 키우는 다양한 곱셈과 나눗셈 방법 |

1. ×5의 계산
곱해지는 수를 2로 나누고 5 대신 10을 곱합니다.

32×5 ⇨ 32÷2×10 ⇨ 16×10=160

(×0.5, ×50 등도 모두 같은 원리입니다.)

2. ÷5의 계산
나눠지는 수에 2를 곱하고 5 대신 10으로 나눕니다.

28÷5 ⇨ 28×2÷10 ⇨ 56÷10=5.6

(÷0.5, ÷50 등도 모두 같은 원리입니다.)

3. ×25의 계산
나눠지는 수가 4로 나누어지면 4로 나누고 25 대신 100을 곱합니다.

36×25 ⇨ 36÷4×100 ⇨ 9×100=900

(×0.25, ×250 등도 모두 같은 원리입니다.)

4. ÷25의 계산
나눠지는 수에 4를 곱하고 25 대신 100으로 나눕니다.

32÷25 ⇨ 32×4÷100 ⇨ 128÷100=1.28

(÷0.25, ÷250 등도 모두 같은 원리입니다.)

5. ×99의 계산
99 대신 100을 곱하고 곱해지는 수를 한번 빼줍니다.

65×99 ⇨ 65×100-65 ⇨ 6500-65=6435

(×0.99, ×9.9 등도 모두 같은 원리입니다.)

니다. 구체물로 사물의 개수를 합성, 분해하는 연습을 충분히 한 후에 5의 보수, 10의 보수 개념을 연습시켜 주세요. 사칙연산을 할 때도 아이가 답을 구한 방법 외에 다른 방법은 없는지 생각해 볼 기회를 평소에 많이 주는 것이 좋습니다.

올바른 연산 학습법 ②
자기 학년 수준의 연산은
반드시 잡아야 한다

연산도 결국은 개념과 연결 지어 그 원리를 이해하고 학습해야 하는 수학의 한 영역입니다. 따라서 교과 과정에 나오는 수학 개념을 제대로 배우지 않은 상태에서 연산만 빠르게 진도 나가는 것은 큰 의미가 없습니다. 더구나 앞의 '기계적 연산 선행의 폐해'에서 본 것과 같이 오히려 교과 개념을 배울 때 계산할 줄 안다는 이유로 수학 개념을 다 알고 있다고 착각하게 만들어 아이들이 개념 학습에 집중하지 못하게 만드는 역효과를 가져올 수도 있습니다.

수학 공부는 지금 배우는 수학 개념 이해를 바탕으로 연산 학습을 균형적으로 하는 것이 무엇보다 중요합니다. 아이가 연산의 원

초등 수학 이렇게만 하면 됩니다

리를 충분히 이해하면 매일 꼭 정해진 분량을 지겹게 반복하지 않아도 교과 수학의 학년과 학기 내용이 쌓이면서 아이의 연산 속도와 실력도 점점 쌓이게 됩니다.

수학 교재를 개발할 때 각 교재의 특성에 따라 문제 형태나 구성이 다를 수는 있지만 기본적으로 그 교재 한 권에서 아이들이 다뤄야 할 연산 학습도 충분히 이루어질 수 있도록 문제를 구성합니다. 학교에서 수업 시간에 배우는 교과서와 수학 익힘책뿐만이 아니라 학원에 다니는 아이들은 학원 수업에 사용되는 학원 교재로, 집에서 공부하는 아이들은 개인적으로 학습하는 여러 난이도의 수학 문제집으로, 우리 아이들은 이미 수학 공부에 많은 시간을 쏟고 있습니다.

아이가 현재 진행하고 있는 수학 학습에서 특별히 연산이 걸림돌이 되어 어려움을 겪는 것이 아니라면 연산 연습은 기본적으로 교과 학습을 위한 수학 문제 풀이에서 충분히 진행되고 있다고 생각하셔도 무방합니다. 연산 연습은 아이가 수학 학습을 해 나갈 때 해당 연산의 능숙함이 필요한 순간이 가장 적당한 시기입니다. 연산의 필요성이 느껴지는 그 시기에 완성 시켜준다는 생각으로 진행하시기를 권합니다.

단 이때 중요한 점은 자기 학년 수준의 연산은 반드시 잡고 가야한다는 것입니다. 학년마다 요구되는 연산 수준이 있습니다. 그 연산 수준조차 따라가기가 힘들다면 이때는 단순히 연산이 문제가 아니라 아이의 기초 수학 학습에 문제가 있을 가능성이 큽니다. 이때는 단순 연산을 반복해서 연산을 따라잡으려고 하기보다는 아이의 기초 학습에 어떤 문제점이 있는지 되돌아보는 것이 필요합니다.

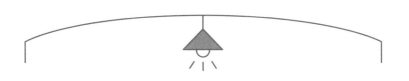

올바른 연산 학습법 ③
우리 아이 성향과 수준에 맞는
연산 학습법 찾기

   '연산은 매일 하루에 2장씩 꾸준히 풀어야 한다.'라는 옆집 엄마의 얘기에 우리 아이도 매일 연산 연습을 해야 하는 건 아닐까 하며 마음이 조급하셨다면, 이제 그 부담감은 내려놓으시길 바랍니다. 중요한 것은 진짜 우리 아이에게 맞는 연산 학습법은 무엇인지 찾아보는 것입니다.

   아이마다 생김새가 다르듯이 공부하는 스타일도 천차만별입니다. 여러 가지 수학 영역 중에서 저는 특히 연산 학습은 아이의 성향과 수준에 따라 공부 방법을 달리해야 효과가 더 좋다고 생각합니다. '누구나 연산은 매일 조금씩 꾸준히!'라는 공식은 없습니다.

부정확한 정보에 불필요한 시간을 쓰기보다는 먼저 우리 아이의 학습 성향과 수준부터 파악하는 게 중요합니다.

본인 학년의 연산이 부족한 경우

누구나 매일 조금씩 꾸준히 할 필요는 없다고 했지만 본인 학년 연산이 부족한 경우는 상황이 다릅니다. 본인 학년의 연산이 부족해서 교과 진도를 나가기에 무리가 있다면 이 경우는 '매일 조금씩 꾸준히' 연산 학습 시간을 확보하여 연산 교재를 푸는 것이 좋습니다.

아마도 본인 학년의 연산이 부족한 경우라면 교과 개념 역시 어려워할 가능성이 큽니다. 따라서 교과 개념을 탄탄하게 다질 수 있는 교과서나 기본서 등을 병행하면서 교과 개념과 연산의 원리를 동시에 잡아갈 수 있도록 학습해야 합니다.

이때 아이의 부족한 부분을 빨리 채우고 싶은 마음에 무리하게 학습량을 많이 잡거나 지루한 계산 연습을 반복시킨다면 자칫 수학에 대한 흥미까지 잃게 될 수 있으니 이 점은 주의가 필요합니다. '조금씩'이라는 분량은 아이마다 다르겠지만 이런 친구들은 하루에 두 장을 넘기지 않도록 하는 대신 매일 꾸준히 학습하는 것이 좋습니다.

현재 학기의 교과 수학 학습을 잘 따라가는 경우

현재 아이의 학년과 상관없이(본인 학년보다 늦은 경우는 제외) 진행하고 있는 학기의 교과 수학을 잘 따라가는 경우는 아이가 학습하고 있는 교재만으로도 충분히 연산 학습이 이루어지고 있다고 생각하면 됩니다. 따라서 별도로 연산 교재를 추가하여 학습하지 않아도 충분한 경우가 대다수입니다. 교과 진도를 본인의 속도대로 나가다가 어떤 부분에서 연산의 부족함이 느껴진다면 그 부분만 따로 보충하는 방식으로 연산 학습을 진행하는 것이 효율적입니다.

단 이때에는 단기간에 집중적으로 연산 학습을 보충해야 하므로 평소 수학 공부 분량에 추가로 연산 학습 시간을 할애하는 것이 좋습니다. 현재 하고 있는 교과 학습 진도보다 앞서 연산만 빠르게 선행하는 방법을 택하고 있다면 차라리 그 시간에 수학 개념 이해를 바탕으로 한 교과 학습 진도를 더 나갈 것을 권합니다.

집중력이 부족하고 산만한 경우

아이가 집중력이 부족하고 산만한 경우라면 연산 문제 분량을 적게 쪼개어 짧은 시간 안에 풀어내도록 연습시키는 방법이 좋습니다. "저녁 먹기 전에 연산 문제 10문제를 5분 안에 끝내 볼까?"와 같이 아이의 집중력이 흐트러지지 않을 정도의 시간으로 쪼개서 빨리 끝내고 다음 일을 할 수 있도록 유도하며 연습시키는 방법을 추천합니다.(시간제 학습법 활용) 아이가 연산 학습에 능숙해진다면 학습에 집중하는 시간을 늘릴 수 있도록 조금씩 문제의 분량과 시간을 늘리며 조절해 주는 것이 좋습니다.

엉덩이 힘을 키우고 싶은 경우

아이가 책상 앞에 앉아 있는 시간을 좀 더 늘리길 원하는 경우 연산 학습을 활용할 수 있습니다. 본인 학년의 연산이 부족한 경우와 더불어 '매일 조금씩 꾸준히'를 추천하는 경우이기도 합니다. 책상 앞에 엉덩이 붙이고 앉아 있기도 힘든 아이에게 어려운 공부까지 시키면 아이로서도 여간 고역이 아닐 수 없습니다.

책상 앞에 일정 시간 앉아 있을 수 있는 엉덩이 힘을 키우기 위해선 약속된 시간 동안은 꼭 책상 앞에 앉아서 주어진 임무를 수행하게 해 주는 것이 좋습니다. 이때 평소 좋아하는 책을 읽게 한다거나 수학 학습 중에 가장 부담이 덜한 연산 학습을 활용하는 것을 추천합니다. 단, 시간을 재면서 빠르게 문제를 풀게 하기보다는 주어진 분량을 진득하게 앉아서 모두 끝낼 수 있도록 하는 것이 좋습니다.(분량제 학습법 활용)

수학적 역량이 뛰어나지만 계산 실수가 잦은 경우

수학적 역량이 뛰어나고 어려서부터 흔히 말하는 수학 머리가 있는 친구들은 보통 단순 연산 반복을 지겨워하고 도전적으로 사고하며 풀어내는 문제를 좋아하는 경향이 있습니다. 그런데 가끔 도전적으로 문제를 빨리 풀어내느라 계산 실수가 발생하는 경우가 있습니다. 이러한 아이들 중에 단순 계산 실수는 별거 아니라며 괜찮다고 생각하고 넘기는 경우가 있는데, 정말 단순 실수인지 연산 원리 이해에 오류가 있거나 연습이 부족해서 생기는 실수인지는 따져 볼 필요가 있습니다.

이런 아이들에게는 단순 연산을 반복하는 교재가 아닌 사고력 문제나 응용 연산 문제가 추가된 교재를 추천합니다. 매일 일정한 분량을 꾸준히 풀리는 방법보다는 아이가 유독 실수를 많이 하는 부분을 집중적으로 단기간에 연습시키는 방법이 좋습니다.

수학 문제 풀이에서 중요한 것은 빨리 푸는 것(속도)이 아니라 '정확도'라는 것을 아이에게 인지시켜 주시고, 아무리 수학적 역량이 뛰어나더라도 계산 실수로 정답이 틀리면 본인의 실력을 인정받을 수 없다는 점도 잘 알려주시는 것이 좋습니다.

상황별 추천
연산 교재

연산 문제집은 비교적 간단한 문제 연습 교재이기 때문에 구성이 단순하고 다 거기서 거기일 거라고 여기기 쉽습니다. 하지만 시중에 연산 교재들은 그 종류가 매우 다양하고 교재별 특징도 모두 다릅니다.

앞에서 저는 여러 가지 수학 영역 중에서 특히 연산 학습이 아이의 성향과 수준에 따라 공부 방법을 달리해야 효과가 더 좋다고 이야기했습니다. 이와 연장선에서 연산 교재를 선택할 때도 아이의 성향과 수준에 따라 꼼꼼하게 따져보고 선택할 필요가 있습니다.

올바른 연산 학습법에서 제가 계속 강조하는 것은 내 아이에게

초등 수학 이렇게만 하면 됩니다

필요한 만큼의 학습입니다. 따라서 연산 교재를 선택할 때 지나치게 분량이 많아 아이가 필요 이상의 에너지를 써야 하는 문제집은 피하는 것이 좋습니다. 지금부터 여러 상황별로 선택하면 좋은 연산 교재의 특징을 알려드리겠습니다. 내 아이에게 딱 맞는 연산 교재를 선택할 때 참고하시길 바랍니다.

미취학이나 저학년 아이가 사용하기 좋은 교재

미취학이나 저학년 아이들이 연산 학습을 할 때 개념을 충분히 이해하지 못한 채 바로 숫자로 된 연산 훈련으로 넘어간다면 아직 어린아이에게 수학은 지겨운 손노동으로 전락하기도 합니다. 따라서 이 시기 아이들에게 가장 중요한 연산 학습은 수학 정서를 해치지 않도록 부담 없는 분량이어야 하고, 구체물에서 연산으로 쉽게 넘어갈 수 있도록 징검다리 역할을 하는 장치가 있는 교재가 좋습니다.

① 《소마셈》 - soma(소마)
한 가지 연산 과정을 여러 가지 구체물이나 상황으로 제시하여 연산의 원리를 재미있게 익히고 생각하며 공부할 수 있도록 구성되어 있습니다. 교재 한 권의 분량이 부담스럽지 않아서 책 한 권을 모

두 끝냈다는 성취감을 느끼게 해 주며 미취학이나 저학년 아이들이 연산을 학습하기에 좋은 교재입니다.

②《기탄수학》-기탄교육

수학의 기초인 연산력을 탄탄하게 잡아 주는 시리즈로 책 크기가 일반 연산 교재보다 작습니다. 아이들은 매우 단순해서 책 크기가 작으면 수학 문제를 더 적게 풀 수 있다고 생각하기 때문에 다른 연산 교재보다 부담을 덜 느끼기도 합니다. 이러한 이유로 미취학이나 저학년 아이들이 좋아하는 연산 교재입니다.

③《7살 첫 수학》시리즈 -이지스에듀

7살 첫 수학 시리즈는 '100까지의 수 세기'부터 '덧셈, 뺄셈', '시계와 달력', '동전과 지폐 세기', '길이와 무게 재기'까지 초등 입학 전 아이들 또는 초등 저학년 아이들이 반드시 경험해야 할 활동을 모두 담은 시리즈입니다. 저는 미취학이나 저학년 아이들은 특히 생활 속에서 수학을 접하게 하는 것이 매우 중요하다고 생각합니다. 이러한 이유로 동전, 지폐, 생활 속 여러 단위 등을 쉽고 재미있게 배울 수 있는 '동전과 지폐 세기', '길이와 무게 재기'편을 집필하기도 했습니다. 아이들이 생활 속 소재로 즐겁고 재미있게 연산을 학습하며 여러 수학 영역을 접할 수 있는 교재로 추천합니다.

초등 수학 이렇게만 하면 됩니다

교과 개념과 연계하여 연산 학습을 할 때 사용하기 좋은 교재

아이가 아직 교과 개념에 능숙하지 않고 연산 문제 푸는 속도도 빠르지 않다면 교과 개념과 연계하여 연산의 원리부터 이해하고 문제 풀이를 연습하는 것이 좋습니다. 또 평소에 교과 진도를 나가면서 연산의 부족한 부분이 생겼을 때 보충하는 방법으로 연산 학습을 하고 있다면 연산 교재도 교과 수학의 학년과 학기에 맞춰 구성된 것을 선택하는 것이 좋습니다.

① 《EBS 만점왕 연산》 - 한국교육방송공사

수학 교과서 내용 중 수와 연산, 규칙성 단원을 반영하여 계산 원리를 알기 쉽게 정리해 주는 코너가 함께 구성되어 있습니다. 학년별 두 권으로 구성되어 있고 개념 학습과 연산을 연계하여 학습하기 좋은 교재입니다.

② 《큐브 수학 연산》 - 동아출판

수학 교과서의 단원별 개념 순서에 맞춰 모든 단원의 연산 학습을 할 수 있도록 학년별 두 권으로 구성한 교재입니다. 실수 방지, 문장제 연산 등 다양한 연산 유형으로 구성되어 있으며 개념 학습과 연산을 연계하여 지루하지 않게 학습하기에 좋은 교재입니다.

③ 《쎈 연산》- 좋은책신사고

연산 영역뿐 아니라 도형, 측정, 규칙성, 자료 등 연산이 필요한 모든 영역의 문제를 담아 학년별 두 권으로 구성하여 해당 학기의 연산 학습을 할 수 있도록 구성한 교재입니다. 학습 중인 연산의 교과 단원명을 명시하여 학습 편의성을 도모하고, 익힘책 수준의 문장제를 교재 속 코너로 제공하여 교과서 연계 학습으로 연산 학습을 하기에 좋은 교재입니다. 단, 다른 연산 교재 대비 문항 수가 많은 편으로 아이들이 지겨워할 수 있으니 학습량 조절이 필요할 수 있습니다.

단순 연산 반복을 지겨워할 때 사용하기 좋은 교재

아이가 단순 계산 문제를 반복해서 푸는 것을 지겨워한다면 사고력 문제나 문장제가 추가되거나 연산 연습의 형태를 다양한 문제 유형으로 구성해 놓은 교재를 선택하여 학습하는 것이 좋습니다.

① 《초등 디딤돌 연산》- 디딤돌 교육

학년별 두 권으로, 계산 훈련이 수학 개념 이해로 연결될 수 있도록 구성한 교재입니다. 계산의 성질을 설명하거나 계산과 계산 사이의 관계를 보여주는 등 하나의 연산을 다양한 각도에서 생각해

초등 수학 이렇게만 하면 됩니다

볼 수 있는 문제들로 구성되어 있어 단순 연산 반복을 지겨워하는 아이들이 사고력을 발휘하며 교재를 활용하기 좋습니다.

②《상위권 연산 960》- 시매쓰 출판

다양한 상황, 과정, 방식과 결합한 과제 해결형 수, 연산 문제를 통해 연산 실력과 수학적 사고력을 기를 수 있는 문제로 구성된 교재입니다.

초등 과정은 1학년부터 4학년까지가 권장 학년이고 한 학년당 네 권으로 구성된 시리즈입니다. 단순 반복 연산 학습을 지겨워하거나 싫증 내는 경우, 기초 연산 이상의 창의 사고력 연산 학습이 필요한 경우, 기계적인 문제 풀이보다 생각하며 수학 학습을 하고 싶은 경우에 사용하면 좋은 교재입니다.

③《개념+연산 파워》- 비상

응용 개념을 키워드로 포인트를 주어 정리하고, '기본-스킬-문장제'의 단계별 연산 유형으로 응용 연산력을 기를 수 있도록 구성한 교재입니다. 초등 수학 전 단원에 대해 빠짐없이 기초부터 응용까지 연산력을 완성할 수 있도록 구성해 놓았기 때문에 단순 연산 반복을 지겨워하는 아이들이 사용하기에 좋습니다.

부족한 부분만 집중적으로 학습하려 할 때 사용하기 좋은 교재

올바른 연산 학습법은 앞서 이야기한 것처럼 아이가 현재 공부하는 교과 과정에 맞춰 진도를 나가고 해당 단원에 부족한 부분이 생겼을 때 그 부분에 대한 연산 연습을 추가해 주는 방법이 좋습니다. 즉 아이에게 연산이 필요한 시기에 완성해 주는 것이지요. 이럴 때 사용하기 좋은 교재는 다음과 같습니다.

① 《초등 ○○개념이 먼저다》 시리즈 -키출판사

분수, 곱셈, 소수, 비와 비율 등 아이들이 어려워하는 부분을 각각 따로 한 권씩 구성한 시리즈입니다. 동영상 강의를 무료 제공하고 있으며 원리부터 연산까지 필요한 부분만 골라서 집중적으로 학습하기에 좋은 교재입니다.

② 《강미선쌤의 개념 잡는 분수 비법》 시리즈 -하우매쓰

분수의 개념끼리 연결을 통해 계산 원리를 쉽게 이해할 수 있도록 시각적으로 구성해 놓은 교재입니다. 영역을 넘나들며 분수 개념을 연결하고 있으므로 분수의 원리를 이해하기 어려워하는 친구들도 여러 학년 내용을 단기간에 학습할 수 있습니다.

'분수 비법' 시리즈로 개념편, 연산편-덧셈과 뺄셈, 연산편-곱셈

과 나눗셈 등이 있습니다.

③ 《강미선쌤의 개념 잡는 곱셈 비법》-하우매쓰

곱셈을 구구단에서부터 세로셈까지 이어지는 개념으로 배울 수 있도록 4단계에 걸쳐 곱셈 원리를 매우 쉽게 이해하고 활용할 수 있도록 구성된 교재입니다.

④ 《바빠》 시리즈 -이지스에듀

분수, 곱셈, 나눗셈, 약수와 배수, 시계와 시간 등 아이들이 어려워하는 부분을 각각 따로 학년 군으로 묶어 한 권씩 구성한 교재입니다. 아이가 어려워하는 부분만 골라서 집중적으로 연습하거나 학습 결손이 생겼을 때 취약한 연산 구멍을 빠르게 메울 수 있는 교재입니다.

사고력
수학

4장

초등 저학년은
사고력 수학을 해야 할 적기

왕년에 수학 좀 했던 부모도
모르는 것들

외부 강의에서 저학년 학부모들을 만날 때면 연산 학습법 질문과 함께 가장 많이 듣는 질문이 '사고력 수학'에 관한 질문입니다. 그중에서도 "사고력 수학 꼭 해야 하나요?"와 같은 사고력 수학의 필요성에 관한 질문이 가장 많습니다. '나 왕년에 수학 좀 한 사람이야.'라고 자신 있게 말하는 학부모일수록 "우리 때는 사고력 수학 같은 것 따로 안 해도 수학 잘했어. 사고력 수학이란 것은 다 상술이야."라고 하는 경우를 많이 봅니다.

제가 운영하는 유튜브 채널 〈목동진주언니〉에서도 많이 이야기했지만, 저는 미취학, 저학년 아이들의 수학 학습에서 무엇보다 더 필요한 것이 실생활 수학이나 사고력 수학이라고 생각합니다. 물론 제가 이 시기에 꼭 필요하다고 강조하는 사고력 수학은 비싼 돈을 주고 학원에 가야만 배울 수 있는 사고력 수학을 뜻하는 것이 아닙니다.

그렇다면 '사고력 수학'이란 무엇일까요? '사고력 수학'은 말 그대로 '수학적으로 생각하는 힘'을 의미합니다. 그리고 이러한 힘을 키우는 공부를 말합니다. 물론 수학 문제가 생각해야만 풀 수 있는 문제이기 때문에 수학이라는 과목 자체가 사고력을 키우는 과목인 것도 맞습니다. 하지만 생각에도 단계가 있습니다.

초등 저학년 아이들은 구체물로 직접 수와 도형을 다루던 시기를 이제 막 벗어났습니다. 아직 구체물에 더 익숙한 단계로 추상적인 수학 개념에 익숙하지 않은 상태입니다. 그렇기에 교과 학습에서 다루는 수학 문제도 아이들이 해당 학년에서 배운 개념을 바로 적용해 풀 수 있는 문제들이 대부분입니다. 깊은 사고력을 요하는 문제 유형은 아직 교과 수학에서 충분히 다루기 어렵기 때문입니다.

그렇다고 하여 이 시기 아이들에게 교과 수학 외에 깊은 사고력을 요하는 심화 문제를 풀게 해야 한다는 주장은 아닙니다. 오히려 아이들의 수준에서 다양한 방법으로 문제에 접근하고 여러 가지 방법으로 해결 과정을 찾아가며 생각하는 힘을 키울 수 있는 문제로 구성된 사고력 수학을 학습하는 것이 멀리 내다볼 때 수학 공부에 더 도움이 된다는 이야기입니다.

　꼭 비용을 내고 사고력 학원에 다녀야만 사고력 수학을 배울 수 있는 것은 아닙니다. 요즘에는 시중에 다양한 사고력 수학 교재들이 출간되어 있고 누구나 쉽게 접할 수 있습니다. 사고력 학습의 방법을 엄마표로 할지 학원의 도움을 받을지는 아이들의 성향과 각 가정의 형편에 맞추어 결정하면 됩니다. 사고력 수학 교재와 사고력 학원에 관한 이야기는 다음 장에서 좀 더 자세하게 이야기하도록 하겠습니다.

사고력 수학 공부법:
'왜(Why)'가 '어떻게(How)'를
이긴다!

1장에서 '왜냐하면…'의 마법을 설명하며 이야기한 것과 같이 수학 학습에서는 "왜 이렇게 될까?"라는 궁금증을 가지고 학습하는 자세가 그 어떤 것보다 중요하고 강력한 무기가 됩니다. 수학 문제를 '어떻게' 푸는 것인지 그 해결 방법을 익히는 것이 중요한 게 아니라 이 문제는 '왜' 이런 방법으로 풀어낼 수 있는지 그 원리에 대해 고민해 보고 이해하고 적용해야 그 문제가 진짜 자기 것이 될 수 있기 때문입니다. 따라서 아이가 이런 태도를 자연스럽게 갖추기 전까지는 옆에서 적절한 질문으로 생각의 길을 열어주는 것이 큰 도움이 됩니다.

그렇다면 어떤 질문이 아이에게 생각의 길을 열어줄 수 있는 적절한 질문일까요? 수학적 사고력을 키울 수 있는 질문인지 아닌지를 가르는 기준은 바로 '개방형 질문'인지 '폐쇄형 질문'인지에 달려있습니다.

개방형 질문 vs 폐쇄형 질문

아이가 어려운 문제를 접하고 끙끙대고 있을 때면 부모님이나 선생님이 아이 옆에서 문제 해결 과정을 도와주기도 합니다. 이때 '질문'이 아이의 수학적 사고력에 긍정적인 역할을 하기도 하고 역효과를 불러오기도 합니다. 만약 옆에 있는 어른이 "여기에선 곱해야할까? 나눠야 할까?", "둘 중 어느 게 더 크지?"와 같이 아이가 별다른 생각 없이 단답형으로 답할 수 있는 질문을 하거나 "예." 또는 "아니오." 중에 하나로 답할 수밖에 없는 폐쇄형 질문을 한다면 오히려 아이의 생각이 멈출 수 있습니다.

어른들이 질문으로 적절히 도움을 주고자 할 때는 "문제에 주어진 이 조건은 왜 주어졌을까?" 또는 "○○는 왜 이런 과정이 나온 것일까?"와 같이 답을 열어 두는 질문, 즉 개방형 질문을 하는 것이 좋습니다. 이러한 개방형 질문이 바로 아이의 생각 물꼬를 열어 주고 스스로 문제를 해결할 수 있도록 돕는 질문이 됩니다.

특히 사고력 수학 문제처럼 바로바로 문제의 정답을 구할 수 있는 유형의 문제가 아니라 생각할 시간이 필요한 문제의 경우, 아이가 문제를 푸는 과정에서 엄마가 그 시간을 참아내지 못하고 옆에서 힌트를 주거나 빠른 답을 구해내기 위해 폐쇄형 질문을 던지는 실수를 범하지 않아야 합니다.

한 가지 더 말씀드리자면, 아이에게 생각의 길을 열어주는 질문은 비단 아이가 수학 문제를 어려워하면서 해결의 실마리를 찾지 못할 때만 던지는 것이 아니라는 점을 강조하고 싶습니다. 아이가 풀어서 답을 맞힌 문제라도 '왜' 이 문제는 이러한 접근 방법으로 해결했는지, '왜' 여기에선 이러한 공식을 적용했는지 한 번씩 아이가 정리해 볼 수 있는 기회를 주는 것이 좋습니다.

개방형 '문제'를 접하게 해 주자!

답이 여러 개로 나올 수 있는 개방형 문제 역시 아이의 사고력을 확장하는 데 큰 도움이 됩니다. 현실적으로 교과 개념을 다루는 교과 문제집에서는 답이 여러 개로 나오는 개방형 문제를 다루기가 쉽지 않습니다. 개방형 문제를 비교적 많이 다루는 사고력 수학 문제집이나 사고력 수학 학습을 추천하는 이유이기도 합니다.

종종 부모님이 채점하면서 아이가 정답지에 나와 있는 모범 답안과 다른 풀이 방법으로 풀면 무조건 틀렸다고 하는 경우를 보기도 합니다. 그러나 개방형 문제의 경우는 답안지에서 제시하는 답과 아이가 풀어낸 답이 다르더라도 답이라고 주장할 논리적 근거를 아이가 설명할 수 있으면 정답으로 처리해 줄 필요가 있습니다.

개방형 문제가 수학적 창의력 계발에 효과가 있음은 이미 여러 연구와 논문을 통해 검증된 바 있습니다. 논문 〈개방형 문제 활용이 수학적 창의력과 뇌 기능에 미치는 효과〉(김상정, 권영민, 배종수, 2010)를 보면, 초등 저학년 학습자에게 적합한 개방형 문제를 적용하여 실험한 결과 개방형 문제 해결이 단답형 문제 해결보다 학습자의 수학적 창의력 신장에 효과적인 것으로 나타났습니다. 또한 학습 내용에 대한 빠른 이해와 반응에 관련된 두뇌의 각성 수준 개선에도 효과적이라는 내용을 확인할 수 있습니다.

다음 쪽에 나오는 표는 해당 논문에서 실험을 위해 개발한 개방형 문제 유형의 일부를 정리한 것입니다. 앞서 1장에서 아이들의 수학 문해력을 키우기 위한 방법으로 아이들이 직접 수학 문제를 만들어 보는 것이 도움이 된다고 말씀드렸는데, 이 논문에서 제시한 개방형 문제 중에도 같은 방법이 등장합니다.

여기서 제시한 학습 주제에 따른 개방형 문제의 예시를 참고하여 개방형 문제의 유형을 파악해 보고, 집에서도 아이의 학습 과정에 적절하게 응용하여 적용해 보시길 바랍니다.

| 교육과정 분석 및 개방형 문제 예시 |

영역	단원	학습 주제	활동 주제	문제 유형	개방형 문제
수와 연산	1. 100까지의 수	100까지의 수에 대한 순서 알기	닮은 수를 찾아요	분류 문제	71과 닮은 수를 <보기>에서 찾아 쓰고, 그 이유를 써봅시다. <보기> 75, 81, 69, 35, 17
도형	2. 여러 가지 모양	새로운 모양 만들기	새로운 모양을 만들어요	구성 활동적 문제	네모, 세모, 모양을 이용하여 새로운 모양을 만들고 이름을 쓰세요.
		규칙 찾기	무늬를 꾸며요	관계나 법칙을 찾는 문제	다음 표에 규칙을 만들어 색칠하세요.
수와 연산	3. 10을 가르기와 모이기	10 가르기	10 가르기	역 문제	여러 가지 방법으로 10을 두 수로 갈라 보시오.
		10 가르기와 모으기	문제를 만들어요	문제 만들기	구슬을 10개씩 실에 꿰어 놓았습니다. 그림을 보고 수학 문제를 만드세요.
수와 연산	4. 덧셈과 뺄셈	뺄셈식 문제 해결	나의 동화책	역 문제	우리 집에는 동화책이 26권 있습니다. 그중 4권을 친구에게 빌려주었습니다. 남아 있는 책은 몇 권인지 답을 쓰고, 여러 가지 방법으로 설명하시오.
		덧셈식과 뺄셈식	퀴즈! 퀴즈!	문제 만들기	다음 그림을 보고 여러 가지 수학 문제를 만드시오. <그림> 두 가지 색의 네모, 세모 모양

출처: 논문 〈개방형 문제 활용이 수학적 창의력과 뇌 기능에 미치는 효과〉 (김상정, 권영민, 배종수, 2010) 중 개방형 문제 유형 일부 발췌

초등 수학 이렇게만 하면 됩니다

사고력 수학 학습 시
도움 되는 교구

    사고력 수학을 할 때 적절한 교구를 사용하는 것은 매우 큰 도움이 됩니다. 교구를 이용하여 만든 것을 눈으로 확인하고 실물을 체험하면서 학습할 수 있기에 추상화 능력을 좀 더 수월하게 끌어낼 수 있습니다. 교구가 추상화로 가는 다리 역할을 해주는 것이죠. 아이들은 특히 직접 체험하고 눈으로 본 기억이 있어야 실물이 없어도 쉽게 떠올리고 상상할 수 있습니다. 구체물인 교구를 활용하여 눈에 익숙하게 하는 과정이 있어야 나중에 교구 없이도 머릿속에서 시뮬레이션이 가능한 사고의 확장이 가능합니다.

    아마 이 책을 읽고 계신 많은 학부모들이 아이의 유아기에 몬테

소리, 오르다, 가베와 같은 교구들은 한 번쯤 활용해 본 경험이 있으실 겁니다. 다음에 소개하는 교구들은 초등 과정에서 많이 사용하는 대표적인 수학 교구입니다. 참고하여 활용하시되 한 가지 교구 활용법을 배워 바로 수학 문제 풀이에 적용해 보겠다는 성급한 마음으로 시도하기보다는 아이의 수학 학습의 도우미로 꾸준히 체험하고 활용하며 지식을 쌓는 용도로 활용하시길 권합니다.

칠교판

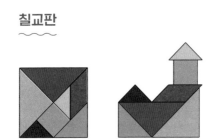

칠교판은 위와 같이 삼각형 다섯 개와 사각형 두 개, 모두 일곱 개의 조각으로 이루어진 교구입니다. 도형을 결합, 분해하며 여러 가지 모양을 만들어 보고, 여러 가지 모양을 예측하는 과정을 통해 기하와 공간 감각을 발달시킬 수 있는 교구입니다.

현재 초등 교육과정 수학 교과서에서도 칠교판을 이용하여 여러 가지 모양을 만들어 보는 활동이 포함되어 있습니다. 어려서부터 많이 만져 보고 체험해 보면 아이들의 창의력 개발과 집중력 향상에 도움이 됩니다.

초등 수학 이렇게만 하면 됩니다

도미노

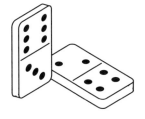

　도미노(domino)는 정사각형 두 개를 이어 붙여 만든 작은 패로, 두 개로 나뉜 칸에 주사위 같은 숫자 눈이 새겨진 교구입니다. 같은 숫자 눈끼리 연결하기, 10의 보수끼리 찾아 연결하기, 두 수 모으기 등 도미노를 이용하여 다양한 활동을 하며 수 감각을 기르고, 게임을 하며 종합적인 사고력을 키울 수 있습니다.

하노이탑

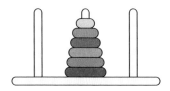

　하노이의 탑(Tower of Hanoi)은 프랑스 수학자 루카스가 개발한 퍼즐의 일종입니다. 세 개의 기둥과 이 기둥에 꽂을 수 있는 크기가 다양한 원판들이 있고, 퍼즐을 시작하기 전에는 한 기둥에 원판들

이 작은 것이 위에 있도록 순서대로 쌓여 있는 모습입니다. 한 번에 한 개의 원판만 옮길 수 있고, 가장 위에 있는 원판만 이동할 수 있고, 큰 원판이 작은 원판 위에 있어서는 안 된다는 규칙을 만족하면서 한 기둥에 꽂힌 원판들을 그 순서 그대로 다른 기둥으로 옮겨서 다시 쌓는 두뇌 개발 게임 교구입니다. 섞인 원판의 이동 경로를 예측하면서 다양한 문제 해결 능력을 기를 수 있는 교구로, 프로그래밍 수업에서 알고리즘 예제로 많이 사용하기도 합니다.

소마 큐브

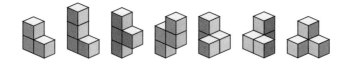

소마 큐브(soma cube)는 물리학자이자 수학자인 피에트 하인이 개발한 폴리오미노 형태의 일곱 가지 블록을 가지고 여러 가지 특정한 모양을 완성하는 조각 맞추기 퍼즐입니다. '폴리오미노로 큰 정육면체를 만드는 방법'에서 시작한 퍼즐이기 때문에 정육면체 조립을 가장 기본적인 문제로 제시합니다. 세 개의 정육면체로 구성된 트리오미노(Triomino) 한 개, 각각 네 개의 정육면체로 구성된 테트로미노(Tetromino) 여섯 개, 이렇게 총 일곱 개의 블록으로 구성되어 있으며 각 블록은 위의 그림과 같은 형태를 가지고 있습니다.

초등 수학 이렇게만 하면 됩니다

다양한 구조물을 만들어 보며 공간 감각과 입체 도형에 대한 감각을 키우고 창의력을 높일 수 있는 교구입니다.

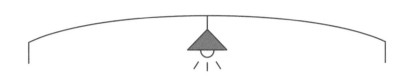

사고력 수학 공부의 적기는
저학년!

 학부모들이 흔히 하는 착각이 바로 초등학교 저학년 때의 수학 실력을 우리 아이의 진짜 수학 실력으로 생각하는 것입니다. 3장 '연산' 편에서 말씀드렸듯이 초등학교 저학년 수학 교육과정은 대부분 수와 연산으로 이루어져 있습니다. 그러다 보니 이 시기에는 연산 훈련이 많이 되어 있는 아이들이 수학을 잘하는 것처럼 보입니다. 학부모도 역시나 '우리 아이가 수학을 잘하고 있구나.' 하고 생각하며 만족스러워합니다. 일단 학교 단원 평가나 학원 시험에서 성적이 잘 나오고 눈앞에 성과가 좋으니 만족하며 넘어가는 겁니다. 그러면서 초등 시절 수학 학습에서 가장 중요한 목표이자 기본

초등 수학 이렇게만 하면 됩니다

인 수학적으로 생각하는 힘(수학적 사고력)을 키우는 부분에는 그다지 관심을 두지 않게 됩니다. 하지만 저학년 시기는 그 어느 때보다 수학적 사고력을 키우는 것이 중요한 때입니다.

저학년 시기에 수학적으로 생각하는 힘을 계발하지 않으면 고학년이 되면 하나둘씩 문제점이 드러나기 시작합니다. 수학 문제가 연산만으로 해결되지 않는다는 것을 아이가 깨닫게 되는 것이지요. 수학은 계산만 실수 없이 잘하고 답만 맞으면 된다고 생각하던 아이에게 사고력을 요하는 문제가 닥치면 깊이 생각해 볼 시도조차 하지 않고 모른다고 피하게 됩니다. 예전처럼 바로 계산해서 답을 구할 수 있는 문제의 수가 점점 줄고 성적이 잘 나오지 않으니 자신감이 떨어지고 결국엔 수학이 싫어지는 결과로 이어지고 맙니다. 초등학교 3학년밖에 되지 않은 친구의 입에서 '수포자'라는 단어가 나오는 것을 보면 너무나 안타깝기만 합니다.

미리 배운 수학의 공식이나 개념은 아이의 사고력을 키우는 데 걸림돌이 될 수도 있습니다. 쉽고 빠르게 문제 푸는 방법을 배우고 나면 아이들은 더 이상 복잡하고 어려운 방법으로는 생각하려 하지 않게 됩니다. 이와 같은 이유로 저는 미취학부터 초등 1, 2학년까지는 교과 문제집을 푸는 수학 공부보단 사고력 수학 학습에 비중을 더 많이 두는 로드맵을 추천합니다.

물론 초등 3, 4학년까지도 사고력 수학의 비중을 크게 가져가도 문제는 없습니다. 하지만 본격적으로 교과 심화 학습을 하게 되면 3, 4학년에서 다루는 교과 심화 문제와 사고력 수학에서 다루는 문제 유형이 비슷하게 겹치는 시기가 오기에 굳이 두 가지를 구분 지어 따로 할 필요성은 줄어듭니다. 사고력 수학을 공부하기에 가장 좋은 시기는 저학년 때임을 꼭 기억하시길 바랍니다.

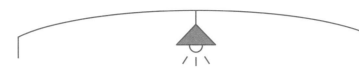

사고력 수학 교재,
어떻게 고르면 좋을까?

사고력 수학 교재는 교육과정이 정해져 있는 교과 문제집과는 달리 출판사별로 교재 구성과 단계가 무척 다양합니다. 시리즈별로 권장 연령과 대상도 조금씩 다르고 난이도도 교재 브랜드별로 차이가 있다 보니 학부모들도 문제집 고르기를 어려워하는 경우를 자주 봅니다. 사고력 수학 교재, 어떻게 고르는 것이 좋을까요?

교과 문제집은 연령별로 교육과정이 정해져 있기에 선택할 때 여러 종류별 문제집을 한 가지 출판사로 통일시켜 사용하기보다는 다양한 출판사의 교재를 섞어 사용하기를 추천합니다. 하지만 사고력 교재를 선택할 때는 이와 반대로 아이에게 가장 잘 맞는 수준과 구성의 교재를 선택하고 그 시리즈로 통일하여 공부하기를 권합니다. 이는 사고력 문제집이 각 출판사 시리즈별로 대상 연령이 다르고, 영역을 구성하는 방법도 조금씩 차이가 있기 때문입니다.

또한 아이의 연령에 맞게 부모님이 여러 출판사 문제집을 섞어서 구성했다 하더라도 영역 구성이 정확하게 일치하지 않는다면 빠지는 영역이 생길 수 있으니 되도록 선택한 한 가지 시리즈로 빠짐없이 학습하는 것이 좋습니다.

또 하나 주의할 점은 사고력 교재에 표시된 권장 연령은 말 그대로 '권장' 연령이라고 생각하시는 게 좋습니다. 굳이 기준을 잡자면 아이의 만 나이를 기준으로 생각하는 것이 더 적당합니다. 사고력 수학을 시작하는 아이들 대부분은 미취학이거나 저학년이고 이 시기의 아이들은 사고력 문제 유형을 많이 접하지 않았기에 권장 연령에 해당하는 교재를 선택했을 때 어려워할 가능성이 큽니다.

특히나 다양한 방법으로 생각해 봐야 하고 답이 한 가지가 아니라 여러 가지가 나오는 개방형 문제를 주로 다루는 사고력 문제 유형은 아이들에게 더 어렵게 느껴질 수 있습니다. 같은 이유로 아이가 1학년이어서 1학년 교재를 선택했는데 어려워한다고 실망하거나 걱정하실 필요 또한 전혀 없습니다.

다음 표는 시중의 사고력 문제집을 출판사별, 연령별로 정리한 것입니다. 표에서 제시한 연령(학년 표시)은 해당 교과 과정을 끝마

치고 보면 좋은 교재라는 의미로 생각하시면 됩니다.

예를 들어 《1031 초급》교재의 경우 표에는 3학년으로 표시했지만 출판사에서 권장하는 연령은 '초등 3학년 교과 과정을 이수한 초등 3, 4학년 대상'입니다. 또한 사고력 수학을 늦게 시작했거나 심화 수학을 어려워하는 아이라면 5학년이라도 사용해도 좋습니다. 우리 아이에게 가장 적당한 사고력 수학 교재의 시작 단계는 아이가 즐겁게 시작할 수 있는 단계라는 점을 잊지 마세요!

| 출판사별 사고력 문제집 |

출판사	미취학			1학년	2학년	3학년	4학년	5학년	6학년
메스티안	킨더 팩토	키즈 팩토		팩토1	팩토2	팩토3	팩토4	팩토5	팩토6
와이즈만	즐깨감 5세	즐깨감 6세	즐깨감 7세	즐깨감1	즐깨감2	즐깨감3	즐깨감4		
시매쓰	1031 키즈			1031 pre	1031 입문	1031 초급	1031 중급	1031 고급	
매쓰러닝	필즈 킨더			필즈 베이직	필즈 입문	필즈수학 초급	필즈수학 중급		필즈수학 고급
디딤돌		최상위 사고력 7세		최상위 사고력1	최상위 사고력2	최상위 사고력3	최상위 사고력4	최상위 사고력5	최상위 사고력6
천재교육		사고력 노크 PA		사고력 노크 A	사고력 노크 B	사고력 노크 C	사고력 노크 D		

대표적인 사고력 수학 교재 특징 비교

① 《창의 사고력 수학 팩토》 - 메스티안

미취학 시기부터 초등까지 사고력 수학 문제의 대표 유형을 학년별, 영역별 교과 과정과 연계하여 체계적으로 구성한 교재입니다. 사고력 문제의 접근 방법을 아이들이 좀 더 쉽게 이해하도록 구성하였으며, 한 가지 주제에 관한 다양한 문제를 먼저 풀어보고 이런 문제를 풀어보니 이런 규칙이나 결과가 나온다고 설명하는 귀납적 풀이 방식으로 전개하는 것이 특징입니다.

② 《영재 사고력 수학 1031》 - 시매쓰

'이것을 풀면 상위 ○% 안에 드는 실력자'라는 의미에서 '10% 문제', '3% 문제', '1% 문제' 등으로 구성되어 있습니다. 학교에서 배우지 않는 교과 외 영역 문제도 많이 다루는 사고력 교재입니다. 어떤 주제에 대한 풀이 방법이나 해결 과정을 먼저 알려주고 그 해결 전략을 이용하여 나머지 다른 문제들을 풀면서 익힐 수 있도록 구성하는 연역적 풀이 방식으로 전개하는 것이 특징입니다. 다음에 소개하는 《필즈 수학》 시리즈와 주요 테마나 문제 유형이 비슷합니다. 구성이나 권장 연령이 좀 더 세분화되어 있고, 문제 접근 방법도 《필즈 수학》보다는 쉽게 구성되어 있습니다.

③《필즈 수학》 - 매쓰러닝

　'영재교육원대비 초등사고력수학 (구) 1031' 교재의 출판권 계약 만료로 소마사고력수학연구소가 기획하고 '관찰 추천 가이드북'을 더하여《필즈 수학》으로 새롭게 만든 시리즈입니다.《영재 사고력 수학 1031》과《필즈 수학》둘 중에 한 시리즈만 선택하여 집중적으로 학습하는 것을 추천합니다.《필즈 수학》역시《영재 사고력 수학 1031》시리즈와 마찬가지로 어떤 주제에 대한 풀이 방법이나 해결 과정을 먼저 알려주고 그 해결 전략을 이용하여 나머지 다른 문제를 풀면서 익힐 수 있도록 구성하는 연역적 풀이 방식으로 전개하고 있습니다. 주제별로 저학년 교재는 상, 중, 하 세 권으로, 고학년은 상, 하 두 권으로 구성되어 있습니다.

교과 수학
문제집

5장

내 아이 수준에 맞는
교과 수학 문제집 제대로 선택하기

수학 문제집
뭐가 좋아요?

저는 20년 넘게 수학 교재 개발 일을 하고 있습니다. '목동진주쌤'이라는 이름으로 유튜브 〈목동진주언니〉 채널을 운영하고 서울, 경기뿐 아니라 지방까지 강연을 다니며 다양한 학부모들을 만나고 있습니다. 강연에서 학부모들을 만나면 수학에 대한 그분들의 다양한 고민거리를 듣게 됩니다. 그중에도 "수학 문제집, 뭐가 좋아요?"라는 질문을 참 많이 받습니다.

수학 교재를 개발하는 사람이라면 뭔가 특별하게 좋은 문제집 정보를 가지고 있을 거라고 기대에 찬 눈빛으로 질문을 주시곤 합니다만, 사실 저는 이 질문에 단 한 번도 선뜻 답을 드린 적이 없습니다. 아니 '답을 할 수 없는 질문'이라는 것이 좀 더 정확한 표현일 것입니다. 가장 좋은 수학 문제집은 현재 '내 아이'의 수준과 상황에 맞는 문제집이기에 '누구에게나' 가장 좋은 문제집을 정하기는 어려운 일입니다. 이것이 제가 답을 드리지 못한 이유입니다.

수학 문제집을 고를 때는 내 아이에게 맞는 문제집을 찾는 것이 무엇보다 중요합니다. 아래 교과 수학 문제집을 종류별로 크게 여섯 가지로 나누어 정리했습니다. 내 아이의 수준과 상황에 맞는 수학 문제집을 선택하는 데 참고하여 활용하시길 바랍니다.

교과 수학 문제집의 종류

① 기본 개념서 (레벨 1, 2)

교과서 중심으로 개념 학습에 충실하게 만들어진 교재로 난이도는 수학 교과서와 수학 익힘책 수준과 비슷하게 구성되어 있습니다. 기본 개념서를 선택할 때 주의해서 살펴봐야 할 점은 교과서에서 다루는 각 차시의 개념 내용이 이해하기 쉽고 자세하게 충분히 설명되어 있느냐 하는 것입니다.

만약 우리 아이가 현재 수학 교과서나 수학 익힘책 정도도 어려워하는 수준이라면 기본 개념서라도 원리부터 좀 더 쉽게 다루고 있는 교재들이 있으므로 아이의 수준에 따라 첫 교재를 선택하는

초등 수학 이렇게만 하면 됩니다

것이 좋습니다.

② 응용서 (레벨 3, 4)

기본 개념서보다는 수준이 높은 교재로 개념 분량이 기본 개념서보다 적거나 상위 개념을 추가해 놓은 경우가 많습니다. 수학 교과서와 수학 익힘책 유형을 포함하여 그 이상 수준의 문제까지 다룹니다. 아이의 수준에 따라 기본 개념서를 생략하고 교과 개념 선행을 나가는 용도로도 많이 활용하는 교재입니다. 이 첫 교재로 응용서를 사용할 정도라면 응용서라고 해도 교과 개념을 충실하게 다루고 있는지 또한 살펴보는 것이 좋습니다.

③ 문제 유형서 (레벨 3, 4)

해당 학년에서 다루어야 할 다양한 문제를 유형별로 분류하고 정리하여 다양한 문제 연습을 충분히 할 수 있도록 구성한 교재입니다. 개념 설명보다는 대표 문제 유형의 해결 전략을 얼마나 이해하기 쉽게 보여주고 있는지, 문제 유형명이 알아보기 쉽게 표현됐는지를 살펴보는 것이 좋습니다. 또한 교과서와 익힘책의 기본 유형부터 아이들이 실수로 자주 틀리는 문제 유형이나 시험에 잘 나오는 응용 유형까지 해당 학년, 학기에 다루어야 할 필수 유형을 얼마나 빠짐없이 다루고 있는지를 잘 살펴보는 것이 좋습니다.

④ 준심화서 · 심화서 (레벨 5, 6)

준심화서나 심화서는 교과서 수준의 난이도를 넘어 다양한 방법과 깊은 사고력으로 풀어낼 수 있는 심화 문제를 포함하여 구성한 교재입니다. 보통은 개념 학습이 탄탄하게 이루어진 이후에 선택하는 교재이므로 개념 설명이 기본 교과 개념 위주가 아닌 핵심 교과 개념과 연계되는 상위 개념 위주로 정리되어 있거나 상위 학년에서 배우는 내용과 연계된 개념을 정리해 놓은 교재도 있습니다. 준심화서나 심화서의 경우 다른 교재보다 아이의 수준에 맞는 교재 선택이 중요하므로 현재 우리 아이의 수준을 정확히 파악하는 것이 먼저입니다.

⑤ 경시 문제집 (레벨 7, 8)

경시 문제집은 실제로 수학경시대회를 준비하기 위한 기출문제 유형을 다룬 문제나 심화서보다 더 높은 문제 해결력을 요하는 문제로 구성된 교재입니다. 해당 학년 교육과정 밖의 내용을 포함한 문제들이 출제되거나 학년을 통합하여 구성한 교재도 있으므로 어느 정도 상위 학년 선행이 이루어진 아이들이나 실제 수학경시대회를 준비하는 아이들이 활용하면 좋은 교재입니다.

난이도별, 출판사별
교과 수학 문제집 소개

다음은 출판사에서 나오는 교과 수학 문제집을 종류별, 난이도 별로 분류한 것입니다. 한 출판사에서 다양한 수학 시리즈 교재가 나오고 있는 경우도 많지만 여기서는 제가 사용해 본 교재 위주로 출판사별 한두 시리즈만 표기했습니다. 난이도에 따라 레벨 1부터 레벨 8까지 나누었고, 레벨 2인 기본 개념서의 수준이 수학 교과서와 수학 익힘책의 수준과 비슷하다고 생각하면 됩니다. 난이도는 레벨 2를 기준 삼아 참고해 주세요.

한편 요즘은 출판사별로 '기본＋응용', '기본＋유형', '응용＋심화' 등 각 교재의 형태를 반씩 섞어 한 권으로 구성한 교재도 많이

종류별, 난이도별 교과 수학 문제집

난이도 / 출판사	기본 개념서		응용서	문제 유형서		준심화서	심화서	경시 문제집	
	level 1	level 2	level 3~4	level 3	level 4	level 5	level 6	level 7	level 8
디딤돌	원리	기본	응용	문제 유형		최상위 S	최상위	최상위 사고력	3% 올림피아드
동아출판	큐브 연산	큐브 개념	큐브 수학 실력 (4학년부터 순차 폐간)	큐브 유형 (1-3학년)		큐브 수학 심화 (3-6학년)			
좋은책 신사고	개념쎈	우공비		라이트 쎈	쎈		최상위 쎈		
비상교육	개념 + 유형 기본완성 (1-2학년)	개념 + 유형 기본 라이트	개념 + 유형 응용파워 (3-6학년)				개념 + 유형 최상위 탑 (3-6학년)		
천재교육	수학 리더 개념	수학 리더 기본	수학 리더 응용·심화		응용 해결의 법칙	최고수준 S	최고수준	최강 TOT	
에듀왕	왕수학 개념 + 연산	왕수학 기본편				왕수학 실력편	점프 왕수학 최상위	응용 왕수학	올림피아드 왕수학
EBS		만점왕 수학	만점왕 수학 플러스			만점왕 수학 고난도			
미래엔		초코 초등 수학				문제 해결의 길잡이 (원리)	문제 해결의 길잡이 (심화)		

나오고 있으나 여기 분류에서는 뺐습니다. 합본 문제집을 구입할 시에는 단권 문제집의 개념과 문제가 숫자까지 똑같이 실려 있는 경우도 있으니 단권 문제집을 풀고 추가로 선택하는 경우라면 구성이 중복되지는 않는지 꼼꼼하게 살펴볼 필요가 있습니다.

초등 수학 로드맵은
교과 수준별로

초등학교에 입학하고 1, 2학년까지 사실 아이들의 수학 실력은 그렇게 크게 차이 나지 않습니다. 연산 연습이 잘 되어 있고 계산을 잘하면 수학을 잘하는 것처럼 보이는 경우도 많습니다. 하지만 3학년 이상부터는 아이들의 수학 실력에 수준 차이가 뚜렷하게 생깁니다. 이때부터는 현재 아이의 수준부터 정확하게 파악하고 로드맵을 세우는 것이 좋습니다.

이때 현재 교과 수학 수준이 어느 정도인지를 기준으로 잡고 연산이나 심화 학습의 계획을 세우는 것이 도움이 됩니다. 지금부터 교과 수학 수준을 크게 하위권-중위권-상위권-최상위권으로 나눠

초등 수학 이렇게만 하면 됩니다

문제집 활용법을 추천해 드리겠습니다. 단 추천 단계 중 가장 마지막 단계는 '꼭 이 단계까지 끝내야 한다.'가 아니라 '아이의 최종 목표 지점'으로 생각하고 참고해 주시면 됩니다. 병행해야 할 연산 교재로는 3장에서 추천한 연산 교재를 아이의 필요에 따라 활용하시면 됩니다.

하위권 아이들을 위한 추천 로드맵

하위권 아이들은 수학에 흥미가 없고 학교 단원 평가에서도 평균 이하의 점수를 받습니다. 따라서 하위권 아이들에게 가장 우선되어야 할 과정은 학교에서 배우는 교과 수학 성취율을 평균 이상으로 끌어올리는 것과 수학에 대한 흥미를 느끼게 해 주는 것입니다.

3학년 이상 중에 수학을 못 하는 이유를 살펴보면 가장 큰 비중을 차지하는 것이 기초 연산력 부족입니다. 따라서 교과 수학 교재와 연산 교재를 5:5 비중으로 병행하는 방법으로 시작하는 것이 좋습니다. 또한 기본 개념서 1단원을 마치고 2단원을 들어갈 때 응용서 1단원을 시작하는 식으로 두 권의 교과 수학 교재를 엇갈리게 병행하는 방법은 개념 이해력이나 기억력이 부족한 아이들에게 좀 더 도움이 됩니다.

| 하위권 교과 수학 추천 로드맵 |

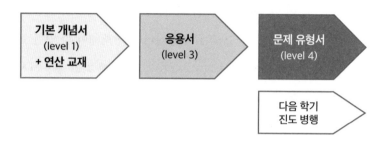

　여기서 제시하는 하위권 아이들의 추천 로드맵은 한 학기 기준입니다. 아이의 학습 수준이 올라간다면 다음 학기는 아이의 현 수준에 따라 중위권, 상위권 등 적당한 수준의 로드맵을 선택해서 유연하게 진행해 주세요. 또 아이가 학습해야 할 교재의 수준은 정해져 있으므로 각 레벨 안에서 교재 선택권은 아이에게 주는 것도 좋습니다. 본인이 스스로 선택한 교재로 공부하고 있다고 느끼게 되면 좀 더 학습 의욕을 높일 수 있습니다.

중위권 아이들을 위한 추천 로드맵

　중위권 아이들은 학교 단원 평가 수준의 시험은 평균 이상 받으며 크게 무리 없지만 다양한 응용 문제에 익숙하지 않고 심화 문제를 스스로 풀어내는 데 어려움을 겪습니다. 중위권 아이들은 부족한 부분만 잘 채워 주면 상위권으로 발전할 가능성이 큰 아이들이기에 특히 로드맵 설정이 매우 중요합니다.

중위권 아이들은 기본 개념서를 레벨 2로 시작해서 빠르고 탄탄하게 끝내고 부족한 부분인 응용 문제 연습에 집중하며 실력을 한 단계 높이는 데 집중하는 것이 좋습니다. 연산 문제집은 필요하다면 교과 수학과 병행해도 좋고, 아이가 연산이 부족하다고 느껴지는 단원만 추가로 선택해서 풀게 하는 방법도 괜찮습니다. 또 심화 학습은 모든 문제를 완벽하게 풀고 넘어가지 못하더라도 되도록 심화 교재의 다양한 심화 유형 문제들을 접해 보고 넘어갈 수 있도록 해 줍니다.

| 중위권 교과 수학 추천 로드맵 |

* 연산 교재는 필요시 추가

상위권 아이들을 위한 추천 로드맵

상위권 아이들은 학교 단원 평가 수준의 시험을 90점 이상 받고 수학을 좋아하며 학교나 학원에서 수학에 대한 자신감을 보이는 아이들입니다. 어려서부터 수학에 두각을 나타내며 영재학교나 과학고등학교 입시를 준비하는 최상위권 수준까지는 아니더라도 로드맵을 어떻게 짜고 어떤 방법으로 이끌어 주느냐에 따라 얼마든지 최상위권으로 도약할 수 있는 아이들이기도 합니다.

상위권 아이들은 수학의 개념 이해도가 높고 응용력도 좋기에 처음 개념을 배울 때 꼭 기본 개념서가 아니라 응용서(레벨 3~4)를 선택해서 진도를 나가도 크게 무리가 없습니다. 한 학기 로드맵을 구성할 때 기본 개념서, 응용서, 문제 유형서, 준심화서나 심화서의 순서를 모두 거치지 않고 필요한 부분만 선택해서 학습하는 게 더 효율적입니다. 레벨 4 이하의 교재는 최소화하고 레벨 5 이상의 준심화서나 심화서를 활용하여 다양한 심화 문제를 해결해 가며 최상위권으로 도약을 목표로 학습하기를 권합니다.

상위권 아이들은 기본적으로 연산에 문제가 있는 경우는 많지 않으므로 꼭 필요한 경우가 아니라면 연산 문제집은 추가하지 않아도 괜찮습니다. 사고력을 요하는 문제를 좋아하는 상위권 아이들에게 단순 계산을 반복하는 연산 문제집을 추가하면 지루해 하며 수학에

초등 수학 이렇게만 하면 됩니다

대한 흥미를 떨어뜨리는 부작용을 가져올 수도 있습니다. 이 아이들은 진도를 나가다가 연산에 부족한 부분이 생겼을 때 그 부분만 조금씩 보충해 주는 방법으로도 충분합니다.

| 상위권 교과 수학 추천 로드맵 |

최상위권 아이들을 위한 추천 로드맵

최상위권 아이들은 개념 이해력뿐만 아니라 개념 적용력 또한 매우 뛰어난 아이들입니다. 흔히 말해서 '하나를 알려주면 열을 아는 아이들'이 최상위권 아이들입니다. 심화 문제도 스스로 큰 어려움 없이 풀어내고 고난도 문제를 풀어내는 것에 성취감과 재미를 느낍니다. 또한 새로운 개념을 배우는 것에 큰 흥미를 느끼므로 이런 아이들은 학교 진도와 상관없이 본인의 수준과 속도에 맞춰 진도를 빠르게 나가도 좋습니다.

최상위권 아이들의 경우 기본 개념서나 응용서는 모두 생략하고 심화서로 한 학기 교과 내용을 정리하는 방법도 가능합니다. 단, 이때는 교과 내용이 빠짐없이 정리되어 있는 심화서를 선택해야 합니다. 실제로 최상위권 아이들은 어려서부터 특목고 같은 목표가 정해져 있거나 경시대회를 준비하는 사례도 많으므로 각자 필요에 맞는 형태의 심화 학습을 하거나 선행 학습을 하는 것도 효과적입니다.

| 최상위권 교과 수학 추천 로드맵 ① |

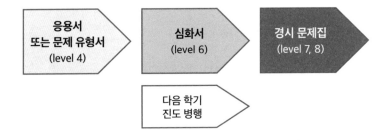

| 최상위권 교과 수학 추천 로드맵 ②) |

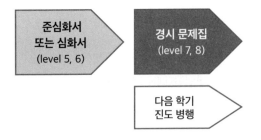

초등 수학 이렇게만 하면 됩니다

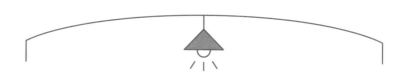

해설지를
100% 활용하는 법

    아이들이 수학 문제집을 활용해 공부할 때 많은 학부모가 초등학생들은 해설지를 보지 못하게 해야 한다고 생각합니다. 저 역시 아이들의 문제집 활용법을 이야기할 때 해설지 관리는 꼭 부모님이 해 주시길 권하고 있습니다. 하지만 해설지도 올바르게 활용만 한다면 수학 공부에 훨씬 큰 시너지를 줄 수 있는 중요한 도구가 됩니다.

    해설지를 제대로 활용하는 것은 단순히 해설지 풀이를 보는 것과는 차원이 다릅니다. 수학 교재를 개발할 때는 기획 의도에 맞게 처음부터 해설지의 분량을 정해 두고 작업을 시작합니다. 물론 충실한 교재를 만들기 위해 해설지의 페이지를 늘릴 수는 있지만 지면 교재의 한계상 무한대로 늘릴 수는 없기 때문에 분량에 맞게 최적의 풀이 과정만을 제시할 수밖에 없습니다. 이런 이유로 해설지에는 문제를 어떻게 푸는지 풀이 과정만 서술되어 있을 뿐 그 문제를 왜 그 방법으로 풀어야 하는지 이유까지는 자세히 나와 있지 않습니다.

수학 문제 풀이에서 진짜 중요한 것은 '왜 그렇게 풀어야 하는지' 그 이유를 아는 것입니다. 단순히 모르는 문제의 해결 과정을 해설지의 풀이를 보고 이해하는 것에 그친다면 효과적인 수학 학습으로 이어지기 어렵습니다. 그렇다면 어떻게 해설지를 활용해야 할까요?

올바른 해설지 활용법

첫째, 내가 맞힌 문제라도 내 풀이 방식만이 아닌 다른 풀이 방식도 있을 수 있다는 걸 알고, 왜 이런 방식을 사용했는지 이해하는 데 해설지를 활용하는 것입니다. 아이가 문제를 잘 풀어서 답을 냈다고 해도, 왜 그런 방법으로 이 문제를 해결해야 하는지, 어떤 개념을 활용해서 문제를 해결했는지 제대로 아는 것이 더 중요합니다. 따라서 아이가 문제를 풀어 맞혔어도 그 문제가 어렵거나 중요한 문제라면 해설지의 풀이를 확인해 보게 합니다. 해설지의 모범 답안과 아이의 풀이 방식이 다르다면 둘이 어떻게 다른지를 비교해 보도록 합니다.

둘째, 아이가 문제를 풀다가 어려워하고 스스로 해결하기에 시간이 너무 오래 걸리는 문제가 있는 경우에 해설지를 활용합니다. 단, 이때 해결 과정 전체를 보게 하는 것이 아니라 핵심 전략 정도의 아이디어만 얻을 수 있도록 부모가 옆에서 도와 주는 것이 필요합니다. 아이디어만 얻고 결국 아이가 스스로 문제를 풀어내면 어려운 문제를 풀어냈다는 성취감을 느낄 수 있습니다.

동그라미에 집착하지 마세요

아이가 푼 문제집을 채점할 때 틀린 문제에 틀렸다고 표시(/, ∨, × 등)하는 것을 아이가 싫어한다며 하트 표시, 별 표시 등 다양한 모양으로 채점해 주는 경우도 종종 봅니다. 하지만 아이 기분이 상하지 않게 예쁜 모양으로 채점해 주는 것보다 중요한 게 있습니다. 수학 문제를 풀어서 틀리는 것이 결코 나쁜 것이 아님을 아이가 알게 해 주는 것입니다.

문제집을 풀고 채점하는 것이 수학 학습의 마지막 단계가 아니라는 것을 아이가 알아야 합니다. 문제를 풀어서 정답을 맞히는 것보다 더 중요한 것이 바로 '채점 이후'입니다. 문제집 채점의 목적은 틀린 문제를 표시하기 위한 것이 아닙니다. 아직 '내가 정확히 알지 못하는 것을 찾기 위한 것'입니다. 모든 문제를 다 맞히는 것이 공부가 아닙니다. 틀리는 문제 수를 점점 줄여가는 것이 의미 있는 공부입니다. 문제집에 틀리는 문제 없이 모든 문제를 다 맞히고 있다면 오히려 그건 아이의 수준에 너무 쉬운 잘못된 문제집을 선택한 것일 수 있습니다.

틀린 문제가 맞힌 문제보다 더 소중한 문제일 수 있습니다. 무엇을 모르는지 확인할 기회니까요. 채점할 때 유독 틀린 문제 표시에 예민한 아이들이 있다면 이 점을 꼭 인지시켜 주세요. 그리고 채점할 땐 한 번에 스스로 맞힌 문제, 다시 풀어서 맞힌 문제, 엄마의 설명을 듣거나 해답지의 설명을 보고 푼 문제를 꼭 구별해서 표시해 두는 것이 좋습니다. 저는 포스트잇을 활용해서 틀린 문제는 그 위에 꼭 다시 풀게 하는 방법을 사용하는데 한 단원, 또는 교재 한 권이 끝났을 때 포스트잇이 붙어 있는 문제들만 다시 풀게 합니다. 오답 노트를 대신하는 간편하고 좋은 활용 방법입니다.

좋은 오답 vs 안 좋은 정답

문제집을 풀 때 아이가 틀린 오답이 오히려 좋은 경우도 있고, 풀어서 맞힌 정답이 오히려 안 좋은 경우도 있습니다.

좋은 오답은 아이가 문제 해결의 방향은 잘 설정했으나 틀린 경우입니다. 예를 들어 문제 해결의 방향 설정도 잘했고 식도 잘 세웠

초등 수학 이렇게만 하면 됩니다

는데 문제를 계산하는 과정에서 계산 실수로 답이 틀렸다고 해 봅시다. 그러면 아이는 오답을 고치는 과정에서 본인의 실수를 발견하고 매우 아까워하거나 억울해하겠지요. 이런 경험으로 아이는 엄마가 잔소리하지 않아도 다음 문제부터는 계산 실수를 하지 않도록 꼼꼼하게 문제를 푼다거나 평소보다 한 번은 더 신경 쓰려고 할 것입니다. 이렇게 오답을 고치는 과정에서 아이를 긍정적인 방향으로, 즉 수학 실력을 향상시키는 방향으로 이끌어 주는 경우라면 이는 정답보다 좋은 오답이라고 할 수 있습니다.

안 좋은 정답은 문제의 해결 과정을 정확히 알지 못하고 대충 감이나 숫자의 조합으로 풀어서 답만 맞힌 경우입니다. 아이들은 보통 수학 문제를 풀어서 답이 맞으면 그것으로 '끝!'이라고 생각합니다. 본인이 틀린 문제를 다시 풀어 보는 것도 귀찮아하는 마당에 맞힌 문제까지 다시 보려 하는 경우는 드물지요. 이렇게 아이가 제대로 알지 못하고 풀었으나 답만 맞은 경우, 이는 오히려 아이의 수학 구멍을 찾지 못하게 꽁꽁 숨기는 상황이 됩니다. 이런 경우는 오답보다 안 좋은 정답이라고 할 수 있습니다.

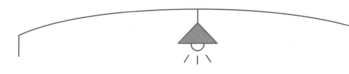

문제집의 성취율을
믿지 마세요

    학원에 다니지 않고 집에서 엄마표로 수학 공부를 하는 경우 아이가 놓치는 부분 없이 진도를 잘 나가고 있는지 많은 부모들이 궁금해합니다. 특히 한 권의 문제집을 다 끝내고 다음 교재 또는 다음 학기 진도를 나가도 될지 고민하는 단계에서 문제집의 성취율이 어느 정도여야 하는지 그 기준을 잡는 것을 어려워하지요.

    유튜브나 다른 미디어에 출연하는 수학 전문가들의 의견을 들어보면 평균적으로 70~80%의 성취율을 보이면 다음 교재로 넘어가도 좋다고 합니다. 초등 수학 교재를 개발할 때도 단원 평가처럼 한 단원을 마무리 짓는 평가 문항은 해당 교재로 그 단원을 무리 없이 소화했다면 평균 80점 정도의 성취율이 나올 수 있도록 문제의 난이도와 유형, 문항 수를 구성합니다. 그러니 70~80%의 성취율을 보이면 다음 단계로 넘어가도 크게 무리가 없다고 생각합니다. 그런데 여기서 우리가 따져봐야 할 중요한 몇 가지가 있습니다.

첫째, 교재의 성격에 따라 성취율의 의미를 다르게 생각해 볼 필요가 있습니다. 아이가 처음 개념을 배울 때 사용하는 기본 개념서(레벨 1, 2)의 경우 문제집의 정답률이 얼마나 되는지에 집중하는 것보다는 얼마나 개념을 제대로 이해했는지에 집중하는 것이 훨씬 효과적입니다. 물론 문제집의 성취율까지 높다면 더 좋겠지만 단순히 문제를 풀어서 맞힌 성취율에 의미를 두기보다는 틀린 문제를 통해 아이가 가진 오개념이나 이해하지 못한 개념을 바르게 잡아 주는 것에 더 초점을 두는 것이 좋습니다.

둘째, 우리 아이가 어떤 교재에서 80% 성취율을 보였다고 해서 정말로 80%의 성취율을 달성한 것인지는 잘 따져 봐야 합니다. 100점 만점의 단원 평가에서 80점을 맞았다고 하여 그 단원의 성취율이 80%가 맞을까요?

흔히 말하는 문제 유형서 같은 교재는 아이의 실력보다 성취율이 좀 더 높게 나올 가능성이 큽니다. 각 학년, 학기에서 다뤄야 할 수학 문제를 문제 유형별로 모아서 어떤 유형인지 유형명과 문제풀이 전략을 보통 교재 안에 다 제시하고 있어 기본적으로 아이들이 수학 문제를 풀 때 본인의 머릿속에 있는 정보 외에 추가로 주어지는 정보가 많은 교재이기 때문입니다.

문제 유형서 문제 예시)

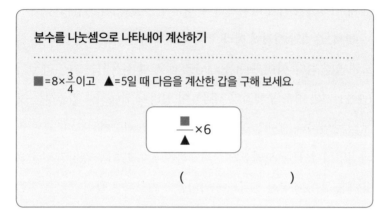

분수를 나눗셈으로 나타내어 계산하기

■=$8×\frac{3}{4}$이고　▲=5일 때 다음을 계산한 값을 구해 보세요.

$$\frac{■}{▲}×6$$

(　　　　　　　　　　　)

예를 들어 아이들은 내가 지금 공부하고 있는 단원이 나눗셈이라면 그 단원에서 나오는 문제는 당연히 나눗셈을 활용하는 문제라고 알고 있습니다. 거기에 문제 유형명까지 주어지면 문제에서 나눗셈의 개념이 어떻게 적용되는지는 따져 볼 필요도 없이 주어진 숫자를 사용하여 나눗셈의 값을 구합니다. 이렇게 하면 어느 정도 높은 정답률이 나올 수밖에 없습니다. 각 차시의 문제는 분명 잘 풀었는데, 여러 차시를 합친 문제 또는 몇 개의 단원이 섞인 문제를 시험 보면 아이의 성취율이 현저히 낮아지는 것은 그 때문입니다.

이런 이유로 한 학기가 끝나면 여러 단원이 섞여 있는 문제집을 선택해서 풀게 하고 그 안에서 아이가 제대로 된 개념을 적용해 문제를 풀고 맞힐 수 있는지를 한번 확인해 보는 것이 좋습니다. 그러니 문제집 성취율은 아이의 학습 상태를 파악해 보는 최소한의 기준 정도로만 생각하고 유연하게 활용하시기를 권합니다.

성취율 확인하기 좋은 문제집

여러 단원이 섞여 있는 문제를 풀려보고 싶을 때 저는《문제 해결의 길잡이》(미래엔)라는 책을 활용합니다. 앞서 교과 수학 문제집 소개에서 보듯이 레벨 5, 6인 준심화서와 심화서로 분류된 교재입니다. 쉬운 기본 문제보다는 조금 어려운, 생각이 좀 더 필요한 문제일수록 사전 정보 없이 스스로 생각해서 풀어 보는 것이 도움이 됩니다. 여러 단원이 섞인 채로 문제 해결 방법에 집중하도록 구성한 교재라 학기나 학년을 마무리하기에 좋은 구성입니다. 참고로《문제 해결의 길잡이 원리》는 학기로 구분되어 있고,《문제 해결의 길잡이 심화》는 학년으로 구분되어 있어 현재 아이의 수준과 필요에 따라 선택할 수 있습니다.

선행

6장

속도보다 방향이 중요한 **선행**,
제대로 로드맵 짜는 법

수학을 잘하는 아이
vs
수학을 잘하는 것처럼 보이는 아이

요즘 입학시험이 어렵기로 소문난 유명 학원의 가방 사진을 찍어 SNS에 올리는 것이 엄마들의 자랑거리가 되었다는 '웃픈' 이야기가 들립니다. 엄마들 사이에선 어떤 명품 가방보다 부러운 것이 바로 그 학원 가방이라고도 합니다.

대치동이나 목동과 같은 학군지에서는 실제로 초등학교 1학년 입학을 앞둔 7세 아이를 유명 수학 학원 '탑 반'에 넣기 위해 입학고사 전쟁이 벌어지기도 합니다. 대형 수학 학원 프랜차이즈에서는 진도가 빠른 '탑 반'의 경우 초등 2, 3학년에 중등 선행을 시작하는 반도 있다고 합니다.

아이를 이런 학원에 보내는 부모들은 '우리 아이'가 수학을 잘하기 때문에 선행을 시키는 것일 뿐이라고 말합니다. 하지만 정말 이 아이들이 그 정도로 선행을 해야 할 만큼 수학을 잘하는 걸까요? 물론 0.01%의 수학 영재들도 있습니다. 이 아이들은 어려도 무리 없이 중등 수학의 개념을 잘 따라갑니다. 하지만 생각보다 많은 아이들이 스스로 이해하며 공부하는 것이 아니라 암기로 선생님의 풀이 과정과 답을 옮겨 적으며 공부하고 있습니다.

주변에 보면 초등 시절에는 수학을 잘했으나 중고등학교에 가서 '망했다.'라고 하는 아이들이 꽤 있습니다. 심지어 중학교 때까지도 3년 내내 모두 '올 A'를 받았는데 고등학교에 가서 갑자기 수학 성적이 엉망이 되었다는 이야기도 종종 듣습니다. 수학을 곧잘 해서 초등 시절에 중학교, 고등학교 수학까지 선행을 했는데 실제로 중학생이 되고 고등학생이 되었을 때 기대만큼 성적이 나오지 않아 당황하게 되는 경우들입니다. 왜 이런 일들이 생길까요?

이런 사례의 대표적인 유형을 살펴보면 초등 시절에 수학을 잘한 게 아니라 잘하는 것처럼 보인 경우가 많습니다. 또 선행이라고 나간 진도는 심화 학습까지 탄탄하게 다지며 나간 것이 아니라 쉬운 개념서로 진도만 뺐거나, 비슷한 문제 풀이를 반복하며 학습했을 가능성이 큽니다.

실제로는 수학을 잘하는 것이 아닌데 잘하는 것처럼 보이는 아이의 대표적인 특징은 본인이 해결한 문제의 풀이 과정을 설명해 보라고 하거나 서술해 보라고 할 때 그 특징이 나타납니다. 이런 유형의 아이들 대다수는 문제 해결 과정을 설명하는 것이 아니라 "4에다가 20을 곱하고 5로 나누어서 16(답)이 나왔어요."라는 식으로 계산 과정을 이야기하거나 서술합니다. 어떤 개념을 이용해서 어떤 식을 끌어냈는지 문제 해결 과정을 제대로 알지 못한 채 답만 맞히면 된다는 생각으로 문제에 주어진 조건(숫자)을 조합하여 답을 맞힌 것입니다. 그러니 개념 이해에 빈 곳이 있거나 문제를 제대로 이해하지 못한 채 풀었다고 해도 한동안은 문제점이 밖으로 드러나지 않습니다.

초등 수학은 중고등 수학에 비해 그렇게 복잡하고 어려운 문제가 많지 않습니다. 그렇기에 감으로, 또는 언젠가 봤던 풀이 기억으로 넘겨짚어 풀어도 정답을 맞힐 수 있습니다. 이 경우 부모님이나 심지어 학원 선생님조차도 아이의 수학 학습에 문제점을 찾아내기가 쉽지 않습니다. 어려운 심화 문제를 고민해서 풀어 보고 문제 해결 과정에 집중해서 학습하는 노력 없이 수학 정답률에만 초점을 맞춰 진도만 빠르게 나간다면 나중에 후회하게 됩니다. 뒤늦게 아이의 수학 학습에 문제점이 발견된다 한들 이미 굳어버린 안 좋은 습관 때문에 되돌리기가 쉽지 않게 됩니다.

"원래 그렇게 푸는 건데요?"
잘못된 선행의 현실

    문제를 풀어 본 기억이나 감을 이용해 숫자를 일일이 대입하거나 적당한 식을 만들어 계산해서 답을 내는 방식으로 수학 문제를 푸는 아이들이 있습니다. 이 아이들의 특징은 특히 도형 문제처럼 그림이 주어진 문제를 풀 때 더 두드러지게 나타납니다.

    예를 들어 두 변의 길이가 같다는 성질을 이용하여 문제를 해결해야 하는 경우, 문제를 제대로 풀기 위해서는 문제의 도형에서 왜 두 변의 길이가 같은지를 증명해 내고 그 이후에 그 성질을 적용하여 문제를 해결해야 합니다. 그런데 이런 아이들에게 "왜 두 변의 길이가 같아?"라고 물어보면 "그림에서 길이가 같아 보이니까요.” 또는 “그냥 그럴 것 같았어요.”라는 식으로 답합니다. 본인의 감이나 느낌으로 문제를 해결하려 하는 겁니다.

또 어떤 문제를 맞혔을 때 “왜 이렇게 풀었어?”라고 물어보면 “원래 그렇게 푸는 건데요?”라고 답하기도 합니다. 이런 아이들의 단골 답변입니다. 이 아이들은 대부분 본인이 풀고 있는 문제가 수학적으로 어떤 의미를 갖는지 제대로 고민해 볼 기회 없이 빠르게 많은 수의 문제를 풀면서 진도를 나가는 게 익숙합니다. 또 수학은 답만 정확하게 맞히면 된다고 생각하고 문제를 푸는 풀이 방법을 외워서 해결하려는 경향을 보입니다. 그런데 이런 식으로 나가는 빠른 진도는 결국 그 끝이 보입니다.

수학 문제의 유형이 상대적으로 많지 않은 초등 시기까지는 풀어 본 문제 유형의 기억으로 어느 정도의 성취율을 보일 수는 있습니다. 하지만 점점 많은 문제 유형과 여러 가지 개념이 섞인 복잡한 문제가 늘어나는 중학교, 고등학교 수학에서는 이런 방법이 통하지 않습니다. 이렇게 의미 없는 진도를 나가는 학습 방식의 문제는 단순히 수학 문제를 푸는 좋지 않은 습관을 갖게 하는 것에 그치지 않습니다. 지금부터 이러한 잘못된 선행이 가지고 있는 가장 큰 문제점에 대해 이야기해 보겠습니다.

진짜 손해는
심화 문제 풀 기회를 빼앗기는 것!

요즘 SNS나 유튜브 채널을 들여다보면 영역별로 전문가가 넘쳐 납니다. 특히 교육 분야에는 과목별 전문가뿐만 아니라 아이를 좋은 학교에 진학시킨 엄마, 실제로 열심히 공부하여 좋은 대학에 다니고 있는 학생들까지, 경험담을 기반으로 검증되지 않은 정보에 대해 함부로 이야기하는 것을 볼 수 있습니다. 이러한 정보의 홍수 속에서 피로감을 느끼던 중 저는 '초등 시절에 어려운 심화 문제 풀리느라 힘 빼지 마라'라는 위험한 발언을 듣고 충격을 받은 적이 있습니다.

선행 학습을 시키고 있는 많은 학부모, 심지어 일부 학원 선생님

초등 수학 이렇게만 하면 됩니다

들조차 "어려운 심화 문제는 풀리지 말고, 일단 진도부터 빼고 다시 돌아와서 제 학년 심화 문제집을 풀리면 곧잘 푼다."라고 말하기도 합니다. 실제로 많은 학원이 이런 방식의 진도를 나가고 있습니다. 입학 테스트를 보거나 '탑 반'을 운영하는 학원이 아닌 소규모 학원은 대부분 기본과 응용 수준의 교재 정도로만 진도를 나가는 방식으로 수업을 진행합니다. 상대적으로 쉽고 빠르게 이해되고 어렵지 않은 과정이기 때문에 한 학기 진도를 끝내는 데 오랜 시간이 걸리지 않습니다. 그러니 자연스럽게 진도도 빨라집니다.

그렇다면 초등학생인 우리 아이가 이렇게 진도를 나가며 중학교 수학을 배웠다면, 아이의 수학 실력이 키워진 것일까요? 사실 중학교에서 배우는 방정식 개념 하나만 가지고도 초등 심화 수학 문제집에 나오는 많은 문제를 쉽게 풀 수 있습니다. 그런데 초등 심화 수학 문제집 개발자들이 이런 심화 문제를 출제할 때 과연 중학교에서 배우는 방정식으로 풀기를 기대하며 문제를 출제했을까요? 당연히 초등 교육과정에서 다루지 않는 방식을 미리 학습하여 쉽게 문제를 풀라는 의도로 출제한 것은 아닙니다.

초등 심화 문제를 출제할 때는 그 교재의 학년, 학기에 맞는 교육과정 내에서 배운 방법을 가지고 풀 수 있는 문제를 출제합니다. 물론 상위 개념을 미리 배워 적용하면 쉽게 풀리는 문제 유형일 수는 있지만 그 문제의 출제 의도는 해당 교육과정 내에서 배우고 있는 여러 개념을 다양한 방법으로 적용, 융합하여 풀면서 사고력을 키우도록 출제한 문제임을 잊지 말아야 합니다.

또한 우리 아이가 중학교 내용을 선행 학습으로 미리 배워 초등 심화 문제를 쉽게 풀어냈다면 이 아이는 과연 심화 학습을 한 것일까요? 방정식 세우는 방법을 활용해 간단한 식 한두 개로 손쉽게 문제의 정답을 맞힐 수는 있습니다. 하지만 이때 아이는 중학교 방정식의 기본 문제를 푼 것이지 초등 심화 문제를 푼 것이 아닙니다. 문제의 정답은 맞혔어도 실제로 심화 문제를 풀어낼 만한 깊은 사고력과 수학적 역량이 생긴 것은 아니라는 뜻입니다.

초등학생인 우리 아이가 지금 이런 방식으로 선행 학습을 하고 있다면 안타까운 일입니다. 다양하게 사고하는 방법을 연습하고 문제 해결 능력을 키울 수 있는 양질의 심화 문제를 풀 기회를 빼앗기고 있는 것이나 마찬가지이기 때문입니다. 무엇보다 부모가 먼저 이러한 잘못된 선행 학습의 맹점을 이해하고 있어야 합니다. 아이들이 초등 시기에 심화 학습을 해야 하는 이유에 대해서는 7장 '심화 수학 편'에서 좀 더 자세히 말씀드리겠습니다.

선행이
필요한 아이들도 있다

    그렇다면 선행을 하는 친구들은 모두 이렇게 잘못된 선행을 하고, 의미 없이 진도를 나가고 있는 것일까요? 사실 학군지를 제외하고 전국 평균으로 볼 때 초등 시절에 선행 학습으로 진도를 빨리 나가는 아이들보다 현행 학습에 충실하며 상대적으로 여유 있게 수학 공부를 하는 아이들이 더 많습니다.

    실제로 '초등학생이 고등 수학을 이해하는 건 말이 안 돼.', '엄마의 욕심이나 아이의 허세로 진도만 나가는 고등 수학 맛보기는 의미 없어.'라고 주장하는 분들도 계십니다. 이런 주장에 제가 표를 던지면 좀 더 많은 학부모들의 마음이 편해질지도 모르겠습니다. 하지만 저는 선행 학습 무용론을 주장하지는 않습니다.

제가 오랜 시간 학군지에서 아이들을 가르치고 지켜본 결과 실제로 초등학생이 완벽하게 고등 수학을 이해하고 탄탄하게 학습을 지속해 가는 사례 또한 많습니다. 실제 이 아이들은 웬만한 고등학생보다 수학적으로 훨씬 뛰어난 역량과 성과를 보여주기도 합니다. 물론 이런 아이들이 제 눈에 많이 보인 것은 제가 있는 곳이 학군지이기 때문일 수 있습니다.

학군지라고 해도 사실 초등학생이 고등 수학 진도를 나가는 곳은 일부 학원, 그중에서도 특정 반입니다. 중학교 내신 위주의 수업을 하는 학원이나 고등학생들을 대상으로 입시 수학을 가르치고 있는 학원 중에서 이런 초등학생을 가르치는 학원은 많지 않습니다. 그러니 실제로 이런 아이들을 가까이서 보지 못한 경우에는 선생님들도 '고등학생도 어려워하는 고등 수학을 초등학생이 어떻게?'라는 반응을 보이기도 합니다. 하지만 내 가까이 없다고 해서 말도 안 되는 일은 아닙니다.

음악이나 미술에 재능을 타고나서 5, 6살 꼬마가 성인보다 더 능숙하게 피아노를 연주하거나 그림을 멋지게 그려내는 모습을 보면 다들 박수 치며 기특하게 생각합니다. '저 엄마가 어려서부터 애를 잡았구나.', '애가 말도 안 되는 일을 겪어내느라 힘들었겠네.'와 같은 시선으로 보는 경우는 많이 못 봤습니다. 하지만 유독 수학 학습

초등 수학 이렇게만 하면 됩니다

에 대한 시선만은 날이 서 있는 것 같아 수학 책을 쓰고 가르치는 입장에서 안타까운 마음이 큽니다.

저는 선행 학습이 필요하냐는 질문을 받을 때면 항상 "일단 한번 시도해 보세요."라고 답합니다. 다만 "단 올바른 선행 학습이 되어야겠지요."라는 단서를 붙입니다. 우리 아이가 수학 학습에 재능이 얼마나 있는지는 해 보지 않고서는 알 수 없습니다. 저는 아이의 역량이 되는 한 진도가 빨라서 나쁠 것은 없다고 생각합니다. 물론 영재고, 과학고 입시처럼 특정 목표를 정하고 정해진 기간 내에 일정 분량 이상 진도를 빨리 나가야 하는 경우도 있습니다. 그렇지 않은 경우라고 해도 아이가 앞으로 수학 학습을 해 나가는 동안 막히거나 어려워하는 부분에서 충분한 시간을 쓰기 위해서라도 불필요한 반복 학습보다는 아이의 역량에 맞는 진도는 빨라도 좋다고 생각합니다.

선행, 방향이 잘못되면
속도는 의미 없다!

선행 학습은 권하지만, 여기에도 전제가 있습니다. 반드시 올바른 학습법이 바탕이 된 선행이어야 한다는 점입니다.

제가 말하는 올바른 선행 학습은 아이의 수준에 맞는 속도로 제 학기 기본부터 응용, 심화까지 모두 포함한 선행 학습을 의미합니다. '기본 + 응용 + 심화'까지 모두 탄탄하게 완성한 후에 그다음 과정을 선행하는 공부 방법입니다. 이렇게 해야 아이의 사고력이 확장되고 수학적 역량이 커지면서 자연스럽게 진도가 빨라지는 바람직한 선행 학습 결과를 얻을 수 있습니다.

또한 이에 앞서 우리 아이의 역량이 어느 정도인지, 또 목표는 무

초등 수학 이렇게만 하면 됩니다

엇인지부터 정해야 합니다. 목표 없이 선행하면 길을 잃기 쉬운 과정이 되고 맙니다. 방향이 잘못되면 속도는 아무 의미가 없습니다.

만약 아이가 선행 진도를 억지로 따라가고 있다는 생각이 든다면 지금보다 수준을 낮추고 진도를 천천히 나갈 준비를 해야 합니다. 모든 학기를 정해진 계획대로, 정해진 교재로, 정해진 기간에 끝내야 한다는 욕심은 내려놓는 것이 좋습니다. 물론 특정 학교 입시를 목적으로 정해진 기간에 맞춰 최대한의 학습량을 끌어내야 하는 경우도 있지만, 그런 경우를 제외하고는 일반적으로 아이의 역량에 맞춰 자연스럽게 속도를 낼 때 오히려 효과적인 결과를 얻을 수 있습니다.

또한 초등 수학 진행 시 아이가 어려워하고 약했던 단원은 중등 수학 때도 마찬가지일 확률이 높기에 해당 단원에 대한 꼼꼼한 체크와 대비책이 필요합니다. 선행으로 벌어둔 시간이 이런 대비책으로 활용될 수 있습니다. 선행 학습은 부모가 의도해서 '끌고 가는 것'이 아니라 자연스럽게 선행이 '되는 것'으로 생각하는 것이 가장 좋습니다.

학군지 아이들의
수학 공부 로드맵 엿보기

    초등학교 입학 시기만 해도 아이들의 수학 학습 수준이 크게 차이 나지 않습니다. 하지만 학군지 초등학교 5학년 아이들의 수준을 놓고 보자면 아이마다 진도도 천차만별이고 그 격차도 저학년 때와는 비교가 안 되는 것이 사실입니다. 영재고나 과학고를 목표로 하는 아이들은 초등학교 5학년이면 보통 고등 과정 선행 공부를 시작합니다. 영재고나 과학고를 목표로 하지 않더라도 대부분의 학군지 초등 5학년 때는 중등 과정을 시작하는 학생들이 많아집니다. 여기서는 실제 학군지 최상위권 아이들이 어떤 목표로 어떻게 수학 공부를 진행하고 있는지 그 로드맵을 살짝 엿보도록 하겠습니다.

초등 수학 이렇게만 하면 됩니다

영재고, 과학고 수학 공부 로드맵

의대 입시 열풍이 불면서 영재고 입시 열기가 주춤해진 것 같지만 몇 년 전까지만 해도 학군지에서 공부 욕심 좀 있는 초등 저학년 아이들은 모두 영재고에 갈 것처럼 영재고 로드맵에 따라 공부하는 모습이었습니다. 물론 요즘도 학교 특성상 영재고, 과학고 입시를 치르기 위해선 수학, 과학 과목의 빠른 선행이 필수로 되어 있는 것은 사실이지요. 최근 사교육 없이 과학고 입시에 성공했다는 학생의 사례가 책으로도 출간되며 관심을 끌기도 했으나 이런 사례는 어느 한 개인의 사례일 뿐 일반화하기에는 무리가 있어 보여 논외로 하겠습니다.

① 영재고, 과학고 입시의 출발점은 초3

과장을 조금 보태어 저는 영재고, 과학고 입시의 출발점은 '초3'이라고 말씀드립니다. 이유는 초등 3학년은 교과 심화를 본격적으로 해 볼 수 있는 학년으로, 이때부터 우리 아이의 수학적 역량이나 사고력의 깊이가 심화 수학 학습으로 어느 정도 예측되기 시작하는 학년이기 때문입니다.

또 하나 중요한 의미가 있는 것은 초등 영재교육원에서 모집을 시작하는 학년이 초등학교 3학년이기 때문입니다. 영재교육원은 교육청에서 운영하는 교육청 영재교육원과 대학 부설 영재교육원이 있고, 두 종류 모두 일정 수준 이상의 선발고사를 치러 합격되어야만 입학할 수 있습니다. 우리 아이가 수학이나 과학에 재능이 있는지 테스트해 볼 수 있는 첫 관문인 셈입니다. 물론 이때 영재교육원 시험에 합격하지 못했다고 해서 영재고나 과학고를 준비할 역량이 되지 않는다는 것은 아닙니다.

② 영재고 입시 준비하려면 얼마나 걸릴까?

수학과 과학은 떼어놓고 생각할 수 없는 과목이기도 합니다. 영재고나 과학고 같은 과학 집중 학교의 입시를 준비하기 위한 기본 과정인 과학 진도를 심화까지 다루려면 수학 진도가 조금 더 빠르게 뒷받침 되어야 합니다. 이런 경우 초등학생이 고등 수학(공통수학 1, 2)을 미리 시작해야 하는 경우가 생깁니다. 한국수학올림피아드(KMO) 시험을 보기 위한 최소 수준의 수학 선행도 여기까지로, 영재고나 과학고 진학 목표가 일찍 정해진 아이들은 보통 초등 5학년이나 6학년에 고등 선행을 시작하는 로드맵을 세웁니다.

이 아이들이 선행을 할 때 주로 사용하는 교재로는 《수학의 정석》 기본편과 실력편이 있습니다. 이 교재는 현재 고등학교 교육과정의 목차와는 많이 다른 교재임에도 영재고나 과학고를 준비하는 아이들의 개념서로 많이 활용됩니다. 그 이유는 고등 교과서에서 통합적으로 묶어 다루는 내용을 좀 더 세부적으로 나누어 설명하고, 시중 문제집에서 다루지 않는, 즉 패턴화되지 않은 문제를 많이 다루기 때문입니다.《실력 수학의 정석》연습 문제가 수학올림피아드 문제 유형과 유사한 면이 있다는 점도 이 교재를 많이 활용하는 이유로 꼽힙니다. 또 영재고나 과학고에 입학한 후에는 고등 과정을 뛰어넘는 수학, 과학 수업이 이루어지기 때문에 이런 학교를 목표로 하는 아이들은 보통 중학교 졸업 전에 고3 수학까지 미리 선행하는 것을 목표로 공부합니다.

| 영재고 준비 로드맵 예시 |

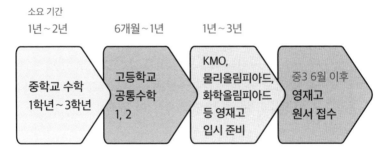

소요 기간

1년~2년	6개월~1년	1년~3년	
중학교 수학 1학년~3학년	고등학교 공통수학 1, 2	KMO, 물리올림피아드, 화학올림피아드 등 영재고 입시 준비	중3 6월 이후 영재고 원서 접수

위 표는 영재고 원서 접수 기간을 기준으로 그 전에 학습해야 할 공부 내용과 소요 기간을 대략 잡아 본 것입니다. 영재고 원서를 접수하는 중학교 3학년 6월을 기준으로 역산해 보면 언제 어디까지 학습이 이루어져야 하는지 대체적인 로드맵을 세울 수 있습니다. 한 학기에 평균적으로 중등 3개월, 초등 2개월로 잡고 속도 유지를

한다는 전제하에 잡은 표이니 이 점을 참고해서 보시면 됩니다. 물론 영재고를 준비하는 모든 아이가 꼭 이런 로드맵으로 공부해야 한다는 것은 아니니 오해는 없으시길 바랍니다.

자사고, 일반고 최상위권 로드맵

일반고 최상위권이나 전국형 자사고를 목표로 하는 아이들의 경우 초등, 중등 수학 과정까지 진도나 속도는 영재고 입시를 준비하는 아이들과 크게 다르지 않습니다. 그러나 고등 과정에 들어가면서부터 로드맵이 달라집니다. 영재고나 과학고 로드맵을 따라가는 친구들이 한국 수학올림피아드 경시대회(KMO)를 준비할 때 이 친구들은 고등 심화를 다지는 쪽으로 방향을 달리합니다.

| 자사고, 일반고 최상위권 준비 로드맵 예시 |

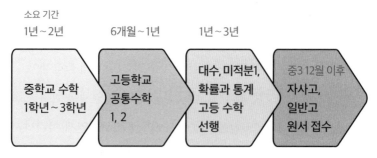

소요 기간
1년~2년   6개월~1년   1년~3년

중학교 수학
1학년~3학년

고등학교
공통수학
1, 2

대수, 미적분1,
확률과 통계
고등 수학
선행

중3 12월 이후
자사고,
일반고
원서 접수

이 아이들 역시 중학교 졸업 전에 고등 진도를 마무리한 후 고등

초등 수학 이렇게만 하면 됩니다

학교에 진학하는 것을 계획하고 공부하며 고등학교 진학 후에는 심화 및 실전 문제 풀이를 반복하는 학습 패턴을 유지하게 됩니다. 이 아이들은 중학교 내신, 고등학교 내신 시험 하나당 본인에게 필요한 준비 시간이 얼마나 걸릴지 미리 파악할 수 있도록 학습하고, 그 필요 시간을 예측하여 구체적인 로드맵을 세워 학습합니다.

학군지에서 고등 최상위권을 목표로 탄탄하고 체계적으로 선행학습을 진행하는 아이들을 보면, 실제 목표 학교의 내신 기출문제나 수능 모의고사를 직접 풀어 보면서 고등 시기에 목표 점수나 등급을 만드는 데 걸리는 시간을 예측하며 학습을 진행하기도 합니다.

예를 들어 고1, 1학기 수학 중간고사 범위의 내신 목표 등급을 만든다고 할 때 해당 학교의 문제 유형을 연습하며 안정적인 등급이 나오게 만들기까지 걸리는 시간은 아이들 역량에 따라 개인 차이가 큽니다. 빠르면 2~3개월부터 길게는 1년 이상이 걸리기도 합니다. 이때 아이들이 자신의 현재 상태를 기준으로 목표 등급이나 점수를 만드는 데 필요한 시간과 과정을 예상하고 적용하며 공부하는 것은 메타 인지를 높이고 목표 달성이라는 동기를 부여하며 성취감을 느끼게 하는 데 유의미합니다.

실제로 학군지의 학원 중에는 초등학생이나 중학생을 대상으로 '고등 등급 만들기'라는 프로그램을 운영하는 곳도 있습니다. 우리 아이가 현재 중학교 수학을 선행하고 있다면 중학교 내신 시험 문제를 직접 풀면서, 또 고등학교 수학을 선행하고 있다면 고등학교 모의고사 문제 또는 내신 시험 문제를 직접 풀면서 현재 선행 학습의 성취도를 체크해 보기를 권합니다. 고등학교 1학년 수학만 해도 네 번(1, 2학기 중간, 기말고사)의 내신 시험을 치르니 점수를 얻기까지 얼마만큼의 시간이 소요될지 기출문제를 풀면서 예측해 보는 것이 도움이 될 것입니다.

초등 수학 이렇게만 하면 됩니다

중등 선행을 할 때
유의해야 할 것들

저는 미취학 시기이거나 초등 저학년인 친구들이 생활 속에서 즐겁게 수학을 공부하길 바랍니다. 이런 이유로 《7살 첫 수학》(이지스에듀) 시리즈 중에 '동전과 지폐 세기', '길이와 무게 재기' 책을 썼고, 아이들이 실생활에서 많이 사용하는 동전, 지폐, 생활 속 단위를 학습하며 수학을 자연스럽고 재미있게 접하고 수학에 대한 정서를 좋게 만드는 데 도움을 주고자 했습니다.

아이들이 어릴 때 수학 정서를 좋게 만들어야 한다고 계속 강조하는 이유는 이 아이들이 수학의 노벨상인 필즈상을 받거나 유명한 수학자가 되길 바라서가 아닙니다. 현실적으로 우리의 목표는 입시

성공이겠지요. 초등학교 6년을 시작으로 고3 입시가 끝나는 시간까지 아이들이 달려야 할 장기 레이스에서 수학이라는 과목에 흥미를 갖고 지치지 않고 달리기를 바라는 마음 때문입니다.

이 같은 연장선에서 아직 어린 초등학생이 선행을 시작한다면 몇 가지 주의가 필요합니다. 선행을 본격적으로 시작하기 전 다음 내용을 참고하여 아이들을 지도해 주시면 좋겠습니다.

먼저 선행을 시작하기 전에 초등학생인 우리 아이가 중학교 진도를 나가도 될지 정확한 파악이 필요합니다. 초등 과정을 아이 스스로 해결할 수 있을 때만 중등 선행을 시작하길 권하며, 최소한 초등 수학 과정 중에 응용 이상 문제에서 70~80% 이상 정답률이 나와야 중등 수학을 시작하기에 적당합니다. 초등 심화 과정까지 마쳤는데 식이나 풀이 과정을 쓰는 것이 엉망이거나 학습 습관에 문제가 있다면 중등 진도보다는 학습에 필요한 습관부터 잡는 시간이 필요합니다. 위의 사항을 점검한 후 이제 중등 선행을 시작하기로 했다면 아래 세 가지 부분을 유의하며 진행해 주세요.

첫째, 만약 중등 선행을 학원이 아닌 집에서 진행하고 있다면 채점 후 틀린 문제에 대한 사후 관리를 할 때 부모님의 도움이 필요합니다. 아직은 초등학생이라 스스로 정답지 관리가 쉽지 않을 수 있습니다. 채점은 부모님이 해 주시기를 권합니다.

또 틀린 문제에 대해 해설지를 보거나 부모님의 설명으로만 끝

초등 수학 이렇게만 하면 됩니다

내고 넘어가는 일이 없도록 해야 합니다. 틀린 문제를 스스로 끝까지 다시 풀지 않고 넘긴다면 그 문제는 나중에 똑같이 틀릴 확률이 높습니다. 반드시 틀린 문제는 본인이 끝까지 풀어서 올바른 정답을 낸 후에 넘어갈 수 있도록 지도해 주세요. 만약 공부 독립이 필요해서 정답지를 아이에게 맡기고자 한다면 아이와 함께 정답지 활용법을 여러 번 시험해 본 후에 맡길 것을 권합니다.

둘째, 초등 수학에서 자연수까지만 다루던 수의 체계가 중등 수학에는 정수, 유리수, 무리수까지 확장되고 교재도 초등 교재보다 훨씬 불친절하고 낯선 형식이기에 생각보다 아이들에게는 그 내용이 더 어렵게 느껴질 수 있습니다. 따라서 교재의 성취율이나 테스트 점수 결과에 지나치게 민감하게 반응하지 않도록 합니다. 테스트 점수보다는 아이가 중등 수학 개념을 얼마나 제대로 이해하고 있는지 테스트 결과를 바탕으로 부족한 부분을 채워나간다는 생각으로 진행하는 것이 좋습니다.

셋째, 앞에서 강조했듯이 초등학생이 중등 수학을 선행할 때도 적절한 수준의 심화 학습은 병행해야 합니다. 어려운 중등 수학을 배우고 있다고 심화는 하지 않고 진도만 빼도 괜찮다는 생각은 버리세요. 중등 심화까지 탄탄하게 다져지지 않은 상태에서 무리한 진도 빼기는 의미가 없습니다. 당장은 진도에 속도가 나지 않더라도 아이의 수준에 맞는 적절한 심화 학습은 꼭 병행해 주세요.

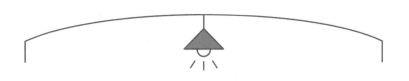

중등 수학 선행 시
단계별 추천 교재

다음은 중등 수학 선행을 시작하고자 할 때 참고해야 할 단계와 그에 맞춰 활용하기 좋은 추천 교재입니다.

중등 진도를 시작하기 전 활용하면 좋을 교재

① 동아출판의 《초고필》 시리즈

: 《초고필 지금 방정식을 해야 할 때》, 《초고필 지금 도형의 각도를 해야 할 때》, 《초고필 지금 유리수의 사칙연산을 해야 할 때》

초등학생이 중등 선행을 하기 전에 중학교 수학의 기본이 되는

초등 수학 이렇게만 하면 됩니다

방정식, 도형의 각도, 유리수의 사칙연산에 대해 초등학생의 눈높이에 맞도록 구성한 중등 기초 학습서 시리즈입니다. 초등 수학과 중등 수학 개념을 연결하여 쉽게 이해할 수 있도록 구성했고, 개념 동영상 강의를 제공하여 가정에서 엄마표 학습이나 자기 주도 학습으로 중등 수학 맛보기 학습을 하기에 좋습니다.

② 이지스에듀의 《바빠》 시리즈

: 《바쁜 5, 6학년을 위한 빠른 방정식》, 《바쁜 초등학생을 위한 빠른 분수와 소수의 혼합 계산》, 《바빠 중학 수학으로 연결되는 초등 수학 총정리》

이지스에듀의 '바빠' 시리즈는 초등 수학의 내용 중 각 영역을 세분화하여 교재를 구성해 놓아 초고필 시리즈와 마찬가지로 초등 수학 내용 중 중등 수학과 연결 지어 학습해 볼 수 있는 내용(방정식, 분수와 소수의 혼합 계산 등)을 골라 학습하기에 좋습니다. 이중 초등 수학 총정리 교재는 중등 선행 이전에 아이의 초등 수학 성취율이 어느 정도 되는지 확인해 보기에 좋은 교재입니다.

중등 진도 나갈 때 활용하면 좋을 종류별 추천 교재

① 쉽게 이해하는 중학 수학 개념서

: 《개념원리》(개념원리), 《풍산자 개념 완성》(지학사)

초등학생이 중등 선행용으로 사용하기에 쉽고 부담 없이 구성되어 있습니다. 단 상위권 아이들의 경우 쉽다고 느끼거나 문제 연습이 부족하다고 느낄 수 있으므로 이럴 땐 문제 유형서나 심화서를 병행하기를 추천합니다.

② 학군지 상위권 반에서 많이 사용하는 개념서

: 《원리해설 수학》(에이급출판사)

처음 개념을 배우는 개념서치고는 교재의 수준이 좀 높은 편이지만 실제로 학군지 상위권 반에서는 이후 심화서를 《에이급 수학》으로 활용하기 때문에 개념서로 같은 출판사의 《원리해설 수학》을 많이 사용하고 있습니다. 쉬운 개념서 한 권을 끝내고 두 번째 교재로 활용하거나 상위권 아이들의 경우 개념서로 사용하면 좋은 교재입니다.

③ 문제 유형서

: 《라이트쎈》(좋은책 신사고), 《쎈B》(좋은책 신사고), 《쎈》(좋은책 신사고), 《개념원리 RPM》(개념원리)

중학교 내신 시험 문제에 나오는 다양한 문제를 유형별로 정리하여 각 문제 유형별로 연습하기 좋은 교재입니다. 개념서로 기본 개념을 익혔다면 하나의 개념에서 파생되는 다양한 유형의 문제를 연습할 때 활용하세요.

④ 준심화서

:《일품》(좋은책 신사고), 《최고득점 수학》(비상)

중등 선행 시《블랙라벨》이나《에이급 수학》같은 어려운 심화서가 버거운 경우 위의 준심화서를 추천합니다. 실제로 중학교 내신 시험 문제의 난이도는 일부 학군지의 어려운 시험인 경우를 빼고는 위의 준심화서 정도로 학습해도 A등급(90점 이상)을 받기에 크게 무리는 없습니다.

⑤ 심화서

:《블랙라벨》(진학사), 《에이급 수학》(에이급출판사)

학군지에서 심화서로 가장 많이 사용하는 대표적인 교재입니다. 두 교재 모두 많은 부분 고등 수학 내용을 담고 있는 문제가 많은 교재이므로 선행하면서 한 번에 이 책을 끝내기엔 다소 어려울 겁니다. 중등 선행 시 이 교재가 버겁다면 현행에서라도 꼭 도전해 보기를 추천합니다.

심화

7장

선행보다 중요한 **심화** 수학,
놓치지 않기

선행보다는
심화

   6장 선행 편에서 심화 학습 없이 나가는 진도는 의미가 없고 오히려 어설픈 선행 학습이 심화 문제 풀 기회를 뺏을 수 있다고 강조해서 이야기했습니다. 하지만 여전히 현실의 여러 가지 이유로 '심화 학습을 꼭 해야 할까?' 의문을 가진 학부모들이 많습니다. 특히 초등학교는 중간, 기말고사와 같은 시험이 없고 단원 평가라고 해봐야 어려운 심화 문제를 풀지 않아도 곧잘 100점을 받아오기 때문에 심화 학습의 필요성을 크게 느끼지 못하는 경우가 많습니다.

   더구나 심화 문제는 고난도 문제가 많아 아이가 혼자 풀기 어려워합니다. 학원에 보내고 싶어도 심화 수준의 수업을 나가는 반은 레벨 테스트라는 관문을 거쳐 어느 정도 수학적 역량이 되어야 수업을 받을 수 있습니다. 이렇다 보니 처음 심화 수학을 접하거나 아직 수학적 역량이 부족한 친구는 학원의 도움을 받기도 쉽지 않습니다. 하지만 수학적 역량이 부족한 아이일수록 아이의 수준에 맞는 심화 학습이 꼭 필요합니다. 속도의 차이는 있겠지만 실력이 부족하면 부족한 대로 아이 수준에 맞는 교재를 선택해 차근차근 심화 수학을 공부할 수 있습니다.

만약 우리 아이가 기본 교과 진도는 충분히 나갔는데 심화 공부를 제대로 하지 않고 진도를 나갔다면 '헛 진도'일 가능성이 큽니다. 아직 초등학생인 아이들은 지금이라도 수학 학습 상태를 제대로 진단받고 다시 시작할 시간이 충분합니다.

초등 저학년 수학은 심화 수학이라고 해 봐야 수준 차이가 크지 않습니다. 이때는 심화 문제집을 통한 심화 학습을 하기보다는 사고력 교재를 활용하여 재미있게 수학에 접근하는 방법을 추천합니다. 하지만 빠른 친구들의 경우 초등학교 3학년 수학, 늦어도 초등학교 5학년 수학부터는 교과 심화 학습을 꼭 병행하기를 권합니다.

아이가 심화 수학을 시작하면서 불안해하는 학부모도 있습니다. 막상 심화 수학을 시작해 보니 아이가 어려워하고 시간이 오래 걸려 진도가 늦어진다는 것입니다. 하지만 심화 학습을 통해 아이의 사고력이 확장되고 문제 해결 능력이 키워지면 학년이 올라갈수록

초등 수학 이렇게만 하면 됩니다

심화 학습에 걸리는 시간도, 새로운 개념을 받아들이는 속도도 자연스럽게 빨라지니 걱정하지 마시길 바랍니다.

어설픈 선행으로 빠르게 진도를 나갔다가 배운 부분에 구멍이 생겨서 다시 돌아간다면 아무 의미가 없습니다. 결국 가장 빠른 진도는 같은 과정을 두 번 반복하지 않도록 심화까지 탄탄하게 익히고 다시 되돌아가지 않는 것임을 알아야 합니다.

킬러 문제도 안 나온다는데, 심화 수학 필요할까?

수능 수학에 킬러 문제를 출제하지 않겠다는 교육부의 발표가 처음 나왔을 때, '이제 수학이 쉬워지겠구나.' 생각하고 수학에 힘을 빼고 다른 과목에 신경 써야겠다고 이야기하는 분을 여럿 보았습니다. 그러고는 막상 수능 문제가 공개되었을 때 오히려 더 어려워진 듯한 수학 문제에 많은 이들이 당황해했습니다. 당시 다음과 같은 제목의 신문 기사가 나기도 했지요.

> **"이게 킬러가 아니면 뭐가 킬러냐"… 강사도 푸는데 20분 이상 걸린 수학 22번**
> '문제 풀이 반복, 암기만으로는 풀 수 없는 사고력 측정 문제'

초등 수학 이렇게만 하면 됩니다

사실 수능 시험 이후 교육과정평가원과 교육부의 브리핑을 살펴보면 무조건 어려운 킬러 문제를 배제하겠다는 뜻이 아니었음을 알 수 있습니다. 교육과정평가원은 기존에 사교육을 통한 문제 풀이 기술을 익힌 아이들에게 유리한 킬러 문항을 배제하겠다는 취지임을 밝혔고, 교육부 또한 공교육에서 다루지 않는 부분을 사교육에서 문제 풀이 방식으로 배운 아이들이 유리하지 않게 하겠다는 의미의 킬러 문항 배제였다고 밝혔습니다. 또한 앞으로도 공교육이 제공하는 범위 내에서 최대한 깊이 사고하여 풀 수 있는 문제들을 출제하겠다는 의미였기에 오히려 심화 학습의 중요성은 더 커졌음을 알 수 있습니다.

이와 같이 공교육이 제공하는 범위 내에서 최대한 깊이 있는 사고를 요하는 문제를 풀려면 문제 안에서 처음 보는 조건을 해석할 수 있어야 합니다. 이것이 바로 심화 학습을 해야 하는 이유입니다. 심화 학습은 다른 무엇보다 수학적 사고력과 문제 해결력을 키워줍니다. 그러니 초등 시기부터 심화 학습의 중요성을 인지하고 준비하는 것이 중요합니다.

기본만 하면서 선행을 하는 아이들은 학년이 올라갈수록 스스로 풀 수 있는 문제의 수가 줄게 됩니다. 심화 학습을 하다 보면 문제 해결을 위한 접근 방법이 하나의 단원에만 국한되어 있는 것이 아니라 여러 가지 개념을 복합적으로 사용해야 하는 문제를 많이 만납니다. 이는 평소 아이들이 기본 문제를 접하면서 했던 풀이법과는 생각의 구조 자체를 달리 해야 해결되는 문제들입니다. 그렇기에 심화 학습을 하면 단순히 문제 풀이를 익히고 외우는 것이 아니라 스스로 생각하고 풀어나가는 힘을 키우고 사고를 확장하는 법을 배울 수 있습니다.

한 가지 더 말씀드리면, 수학에서 개념의 중요성을 강조하다 보니 많은 분들이 개념 공부를 열심히 하면 심화 문제도 풀 수 있느냐고 질문하십니다. 하지만 개념만 공부하는 것과 개념을 바탕으로 심화 학습을 하는 것은 차원이 다릅니다.

물론 수학에서 개념 학습은 중요합니다. 이 책의 1장 '개념편'에서도 강조한 내용입니다. 하지만 기본 문제를 100문제, 200문제 푼다고 심화 문제를 풀 수 있는 것이 아닙니다. 심화 문제란 기본 개념이 탄탄하게 밑바탕에 깔리고 그 위에 생각하는 힘, 문제를 풀어내는 끈기, 문제 해결력, 창의력 등 여러 가지 수학적 역량이 뒷받침되어야 해결할 수 있는 문제 유형이라고 생각해야 맞습니다.

평소 개념을 정확하고 탄탄하게 학습하는 개념 위주의 공부가 중요하다는 것이지 개념만 공부해서 심화나 사고력 문제까지 모두 해결된다는 이야기가 아님을 유념해 주세요.

초등 수학 이렇게만 하면 됩니다

우리 아이에게 맞는
수학 심화 학습이란?

그렇다면 우리 아이에게 딱 맞는 심화 수학 학습은 어떤 것일까요? 많은 부모들이 심화 수학 학습에 대해 갖고 있는 오해 중에 가장 먼저 바로잡고 싶은 것이 있습니다. 바로 문제집 이름에 '최상위', '최고'와 같이 가장 어렵다는 타이틀이 붙어 있는 교재의 문제를 풀어야만 아이가 심화 수학을 한다고 생각하는 것입니다.

무조건 어려운 문제를 푸는 것이 심화 학습인 것처럼 받아들여서는 안 됩니다. 제가 강조하는 심화 수학 학습은 아이의 수준에 맞는 심화 학습을 말합니다. 우리 아이에게 맞는 심화 수학 학습이 무엇인지 알기 위해서는 가장 먼저 심화 수학 학습을 하는 목적부터 분명하게 살펴볼 필요가 있습니다.

앞에서도 강조했지만 심화 수학 학습을 통해 가장 크게 기대할 수 있는 부분은 아이의 수학적 사고력과 문제 해결력을 키우는 것입니다. 시중에 나와 있는 심화서는 해당 교재의 학년과 학기에 맞는 교육과정 내에서 여러 가지 개념을 적용하여 다양한 방법으로 사고하며 풀어내도록 문제가 구성되어 있습니다. 학교에서 배우는 교과서나 익힘책 수준의 문제보다는 훨씬 수준이 높은 것이 사실입니다. 그렇기에 아이의 수준과 상관없이 시중의 어려운 심화 문제집을 무조건 풀리는 것은 사실 심화 학습이 아닙니다.

우리 아이의 수준에 맞는 심화 학습을 시키기 위한 기준으로는 아이의 현재 역량을 조금 넘어서는 정도로 잡는 것이 좋습니다. 한 번에 풀이 과정이 떠오르진 않고 혼자서 바로 풀기엔 버거워 보이지만 '조금 시간을 투자해서 끙끙대다 보면 해 볼 만하겠다.'라고 생각할 정도의 도전 정신이 들게 하는 수준을 추천합니다.

아직 응용 수준의 문제도 어려워하는 아이에게 바로 심화 문제집을 풀게 하면 아이는 심화 수학이 '해 볼 만한 것'이 아니라 '나는 할 수 없는 매우 어려운 것'이라 생각하고 포기해 버릴 가능성이 더 큽니다. 이런 아이에게는 아이의 수준을 조금 넘어서는 응용 문제부터 풀게 하면서 어려운 수학 문제를 풀어냈을 때의 성취감과 재미를 느끼게 해 주는 것이 좋습니다.

초등 수학 이렇게만 하면 됩니다

또한 시중의 심화 문제집을 너무 쉽게 잘 풀어내는 아이라면 이런 아이에게는 아무리 '최상위', '최고' 같은 타이틀이 붙은 문제집이라고 해도 더 이상 심화 학습이 아닙니다. 현재 교재보다 수준이 높은 경시 문제나 더 깊은 사고를 요하는 문제를 풀게 해 주거나 다음 학기의 진도를 나가면서 선행 학습을 하는 것이 더 적당한 학습 방법일 것입니다. 여러 번 강조하지만 가장 중요한 것은 아이의 속도에 맞는 '선행', 아이의 수준에 맞는 '심화'여야 한다는 점을 꼭 기억해 주세요.

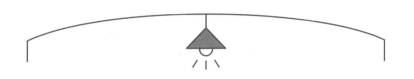

올바른 심화 학습법:
가장 어려운 단계 문제는
빼고 풀어도 될까?

가끔 심화 문제집을 풀 때 가장 어려운 단계의 문제를 풀지 않고 넘어가도 되는지 질문하는 분들이 계십니다. 저는 이런 방법은 추천하지 않습니다. 초등 심화 문제집으로 가장 많이들 풀고 있는《최상위 수학》(디딤돌 출판사)을 예로 들어 말씀 드려보겠습니다.

《최상위 수학》은 1단계부터 4단계까지의 총 네 단계로 구성되어 있습니다. 이 중 가장 어려운 단계인 4단계는 단원별로 보통 8~9문항 정도씩 심화 문제가 제공됩니다. 심화 학습을 하기 위한 기본 과정을 다진 친구들을 기준으로 볼 때 평균적으로 4단계 문제의 절반은 아이 스스로 매달려서 고민하고 풀었을 때 풀리는 수준, 나머지

초등 수학 이렇게만 하면 됩니다

절반은 설명을 듣거나 누군가의 도움을 받고 풀어야 풀리는 수준의 문제로 구성되어 있습니다.

집에서 아이 심화 수학을 지도하는 분들 중에 아이가 4단계 문제를 스스로 풀어내기 힘들어하니 아예 단계를 건너뛴다고 하시는 분의 이야기를 종종 듣습니다. 하지만 이때 성취율이 절반도 채 되지 않는다고 하여 아예 건너뛰는 것보다는 몇 개의 문제라도 골라서 아이가 스스로 풀고 넘어가도록 기회를 만들어 주는 것이 중요합니다.

단 한 문제라도 어려운 문제를 내가 고민해서 풀어냈다는 성취감을 맛보게 해 주는 것이 앞으로 아이가 어려운 문제를 풀어내는 데 힘이 될 수 있습니다. 다만 그렇게 해도 아이가 너무 어려워한다면 교재를 아이의 수준에 맞게 한 단계 낮추는 방법을 권합니다.

만약 지금까지 풀어 온 것이 아까워 교재를 유지하고 싶은 경우 같은 학기 내에서 잠시 미루고 다음 단원 진도 학습을 한 뒤에 다시 돌아와서 풀리는 것은 괜찮습니다. 하지만 아예 다른 학기로 넘어가 미리 배운 내용을 전 학년, 전 학기에 적용시켜 푸는 것은 추천하지 않습니다. 특히 중등 과정을 먼저 배우고 그 중등 과정에서 배운 공식으로 초등 심화 문제를 풀어내는 것은 심화 학습에 아무런 효과가 없습니다. 이 점을 잊지 마시길 당부드립니다.

심화 문제를 어려워한다면 '이것'부터!

심화 학습의 중요성은 알고 있지만 아이의 현재 수준이 심화 문제를 풀기 어려운 상태라 어떻게 접근하면 좋을지를 질문해 주시는 분들도 많습니다. 그럴 때 제가 추천하는 방법은 '증명'입니다.

증명은 1장 중에 올바른 개념 학습법에서도 소개해 드린 중요한 공부 방법입니다. 특히 아직 심화 문제를 풀어낼 역량이 부족한 아이들에게는 심화 문제 한두 문제를 푸는 것보다 훨씬 효과적인 방법입니다.

또한 증명은 수학적 실력이 뛰어난 아이들만 할 수 있는 것이 아닙니다. 심화 문제를 어려워한다면 기본을 다지는 것이 우선입니다.

'초등학생이 무슨 증명을?'이라고 생각하실 수 있지만 초등 수학에서도 우리 아이들이 사용하고 있는 공식이나 성질에 대해 왜 그러한 공식이나 성질이 나오게 되었는지 한 번씩 생각해 보고 정리하는 과정을 거치면 아이의 사고력을 키우는 데 큰 도움이 됩니다.

증명 과정이 머릿속에 정리되어 있는 아이들은 문제 형태가 조금 변형되어 나오더라도 어떻게 문제 형태가 변형된 것인지 알아챌 수 있으며, 결국 푸는 방법은 같은 문제라는 걸 금세 파악할 수 있습니다. 또한 만약 내가 어떤 공식이나 성질을 암기했다가 기억이 나지 않더라도 그 유도 과정을 이해한 상태라면 문제를 풀 수 있습니다.

아이들은 분명 수업 시간에 어떤 공식이나 성질을 배우며 그 유도 과정에 관해 설명을 듣고 이해하는 과정을 거쳤을 겁니다. 그런 과정을 간과하고 무조건 공식이나 성질을 외워서 문제 풀이에 적용하는 방법으로는 새로운 문제 형태를 접하거나 공식이 기억나지 않을 때 문제를 전혀 풀어낼 수 없는 상황이 발생합니다. 따라서 지금 당장 수준 높은 심화 문제나 처음 보는 낯선 유형의 문제를 어려워하는 아이라면 그동안 아이가 배워 온 과정 내에서 공식이나 성질을 한 번씩 정리해 보는 시간을 갖길 권합니다.

다음은 평소에 이런 방법으로 본인의 공부 과정을 정리한 초등학생 친구의 공식 증명 공책입니다. 초등 수학 과정부터 이런 방법으로 정리를 해 온 아이는 현재 초등학생이지만 중학교 3학년 전 과정의 수학 학습을 심화까지 탄탄하게 공부하는 데 크게 무리가 없는 수준입니다.

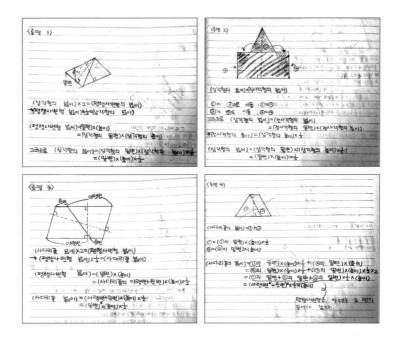

초등 수학 이렇게만 하면 됩니다

수학경시대회는
약인가, 독인가?

수학경시대회라고 하면 흔히들 최상위권 아이들이 치르는 매우 어려운 수학 시험이라고 생각합니다. 또 그런 이유로 '아직 어린 초등학생들에게 학교생활과 크게 상관도 없는 어려운 수학 공부를 시킬 필요가 있을까?'라고 부정적으로 생각하는 분들도 많습니다. 하지만 저는 초등 시기에 수학경시대회 같은 외부 시험은 경험해 보는 것이 좋다고 생각합니다. 초등 시절 수학경시대회 경험이 주는 장점은 다음과 같습니다.

첫째, 시험에 대한 경험입니다. 현재 초등학생은 단원 평가 종류 외에 학교에서 따로 시험을 보지 않습니다. 시험을 경험해 볼 기회가 많지 않은 것입니다. 시험이란 주어진 시간 안에 나의 역량을 최대한 발휘해야 하기에 정해진 시간 동안에 문제를 풀어내는 연습, OMR 카드와 같은 답안 작성 연습 등이 필요합니다. 따라서 외부 경시대회를 치르면서 시험 연습을 해 보는 것은 중고등학교에서 중요하게 치르게 될 시험에 앞서 좋은 경험이 될 것입니다.

둘째, 자신감과 성취감을 느껴보는 경험입니다. 경시대회라고 해서 무조건 어려운 시험인 것은 아닙니다. 학력평가라는 이름으로 치르는 시험은 전국 시험이지만 기본 교과 내용만 충실하게 익혔다면 많은 시간을 들여 준비하지 않아도 수상할 수 있는 시험이므로 아이의 수준과 성향에 맞는 적당한 시험을 선택해서 응시하게 한다면 전국 시험에서 내가 상을 받았다는 자신감과 성취감을 통해 앞으로 수학 학습에 대한 긍정적인 느낌과 재미를 느낄 수 있을 것입니다.

셋째, 공부한 학기나 학년의 성취율 점검 및 학습 실력의 객관적 지표 확인이 가능합니다. 앞에서도 잠깐 이야기했지만, 현재 초등학생들은 학교에서 시험을 치르지 않기 때문에 본인의 성취율이 전국 아이들 가운데 어느 정도인지 파악이 쉽지 않습니다. 학교에서 단원 평가 같은 시험을 치르고 있긴 하지만 학교에서 치르는 단원 평가는 사실 교육과정 이수를 제대로 하고 있는지 정도를 확인하는 수준이라 그 시험으로 현재 아이의 정확한 수학 학습 수준을 파악하기엔 무리가 있습니다. 그러니 전국적으로 실시되는 외부 시험을 통해 아이의 객관적인 지표를 확인해 보는 것도 좋은 자극이 될 것입니다. 또한 경시대회는 시험 일정이 정해져 있는 시험이기 때문에 일정에 맞춰 시험을 준비하는 과정에서 계획적으로 학습 일정을 세우고 실천하는 경험도 큰 의미가 있습니다.

수학경시대회 종류별
특징 및 준비 방법

　흔히 '수학경시대회'라고 통칭해서 부르고 있지만 사실 초등학생들이 치르는 외부 경시대회는 난이도에 따라 크게 학력평가와 경시대회 두 가지로 나누어 볼 수 있습니다. 학력평가는 현재 학년에 맞는 교육과정을 충실히 이수하면 크게 무리 없이 좋은 점수를 받을 수 있는 수준의 시험이고, 경시대회는 심화 수학 학습을 기본으로 경시 수준의 문제 유형을 어느 정도 공부해야 좋은 성적을 거둘 수 있는 수준의 시험입니다. 현재 시행되고 있는 대표적인 학력평가와 경시대회는 다음과 같습니다.

초등 수학 이렇게만 하면 됩니다

학력평가

① 해법수학 학력평가(HME)

- 주최 기관: 천재교육
- 문제 구성: 교과 과정의 기본, 응용, 심화 총 25문항, 계산력, 이해력, 추론력, 문제 해결력 4개 영역으로 구성
- 참가 대상: 초등학교 1학년~중학교 3학년
- 시상 및 평가: 문항당 4점으로 100점 만점 기준 절대평가로 60점 이상만 득점하면 장려상 이상 수상 가능

② 한국수학학력평가(KMA)

- 주최 기관: 에듀왕
- 문제 구성: 수학 교과 영역 25문항, 도전(창의, 사고력) 영역 5문항 (도전 문항은 초3~중3만 적용)
- 참가 대상: 초등학교 1학년~중학교 3학년
- 시상 및 평가: 50점 이상 장려상 이상 수상, 두 번 연속 응시생 중 지난 성적보다 10점 이상 상승한 응시생에게 열공 노력상 시상

③ 고려대학교 전국 수학 학력평가(KUT)

- 주최 기관: 고려대학교 전국수학학력평가시험 진행본부

- 문제 구성: 학교 교과서 교과 과정을 기초로 학년별 30문항

- 참가 대상: 초등학교 1학년~중학교 3학년

- 시상 및 평가: 총 30문항 중 각각의 문제별 차등 점수 부여(20문항: 3점 + 10문항: 4점), 문제별 차등 점수를 모두 합산하여 100점 만점 기준으로 평가

④ MBC 아카데미 전국 수학 학력평가

- 주최 기관: MBC 씨앤아이

- 문제 구성: 교과 기본 문항 50%, 교과 응용 및 심화 문항 50%

  초등 ⇨ 5지 선다형 15문항, 단답형 주관식 10문항으로 총 25문항

  중등 ⇨ 5지 선다형 21문항, 단답형 주관식 9문항으로 총 30문항

- 참가 대상: 초등학교 1학년~중학교 3학년

- 시상 및 평가: 60점 이상 장려상 이상 수상 가능

경시대회

① 한국수학경시대회(KMC)

- 주최 기관: 한국수학교육평가원

- 문제 구성: 전 학년 단답형 주관식으로 30문항

- 참가 대상: 초등학교 3학년~고등학교 3학년

- 시상 및 평가: 계산 능력, 이해 능력, 적용 능력, 문제 해결 능력을 평가함
- 비고: 예선 성적 전국 또는 지역 학년별 상위 15% 이내의 학생은 응시료 무료로 본선 진출, 본선의 경우 학년별 6문항으로 전 과정에서 위의 4개 평가 영역으로 나누어 서술형 주관식으로 출제, 수학 영재 판별을 위한 문제 형태로 난도 매우 높음

② **해법수학경시대회(HMC)**

- 주최 기관: 천재교육
- 문제 구성: 초등 ⇨ 단답형 주관식으로 20문항
  중등 ⇨ 단답형 주관식으로 15문항
- 참가 대상: 상/하반기 HME에서 HMC 진출 자격을 받은 자 또는 경시대회 참가 희망자
- 시상 및 평가: 사실상 HME의 본선과 같으며 상위 10% 이내의 아이들은 장려상부터 시상
- 비고: 난도가 매우 높은 편으로 천재교육 홈페이지에 있는 기출 문제를 다운받아 풀어 보는 것을 권장

③ **전국수학학력 경시대회(성대경시)**

- 주최 기관: 글로벌 영재학회

- 문제 구성: 개념적 지식, 절차식 지식, 추론 능력, 문제 해결력 등 4개 영역 간의 상호 관련성 있는 문제로 단답형 주관식 30문항
- 참가 대상: 초등학교 1학년~고등학교 2학년
- 시상 및 평가: 각 과목 응시 학년별 성적 상위 15% 이내 인원 수상(전국 백분위 점수 85점 이상)

④ 한국주니어수학올림피아드(KJMO)

- 주최 기관: 대한수학회
- 문제 구성: 주관식 단답형으로 20문항, 100점 만점(각 문항당 5점) 초등학교 전 과정과 중학교 1학년 1학기 교육과정에서 학습한 내용을 활용하여 풀이할 수 있는 수학 문제
- 참가 대상: 중학교 1학년 이하
- 시상 및 평가: 성적순으로 금상, 은상, 동상, 장려상 시상

⑤ 한국수학올림피아드(KMO)

- 주최 기관: 대한수학회
- 문제 구성: 주관식 단답형으로 20문항, 100점 만점(배점은 난이도에 따라 4점, 5점, 6점)
  중등부 ⇨ 기하, 정수, 힘수, 부등식, 경우의 수 등에서 출제
  고등부 ⇨ 기하, 정수, 함수, 부등식, 조합 등 국제수학올림피아드

초등 수학 이렇게만 하면 됩니다

출제 범위 및 고등학교 전 범위 (미적분학, 확률 및 통계 등)

- 참가 대상: 중등부 ⇨ 중학교 재학생 또는 이에 준하는 사람, 탁월한 수학적 재능이 있는 초등학생 또는 이에 준하는 사람
  고등부 ⇨ 초, 중, 고등학교 재학생, 원서 접수 마감일 기준 만 20세 미만의 대학 교육을 받지 않는 사람
- 시상 및 평가: 성적순으로 금상, 은상, 동상, 장려상 시상

경시대회 준비 방법

아이가 경시대회와 같은 외부 시험을 한 번쯤 경험해 보기로 결심했다면 시험에 대한 정확한 파악과 그 시험에 대한 준비가 필요합니다. 앞에 학력평가와 경시대회에 대해서 간략하게 정리해 둔 내용을 참고하되 우리 아이에게 적당한 시험을 선택했다면 시험별로 홈페이지에 들어가 정확한 시험 요강을 직접 확인하는 것이 좋습니다. 해당 홈페이지에 그동안의 기출문제와 정답 및 풀이를 무료로 공유해 놓는 곳도 있으므로 어떤 시험을 치를지 시험을 정하기에 앞서 기출 문제를 출력해서 풀어 본 후에 적당한 시험을 선택하는 것도 방법이 될 수 있습니다.

실전 시험에서 좋은 결과를 얻기 위해서는 누구나 다 맞히는 쉬운 문제는 나도 실수 없이 다 맞아야 하고, 다른 아이들이 많이 틀

리는 어려운 문제는 내가 맞혀야 한다는 점을 잊지 말아야 합니다. 따라서 기본적인 교과 문제라도 놓치고 있는 부분이 없는지 차근히 정리부터 하는 것이 좋습니다. 그리고 시험별 기출문제집과 해당 출판사의 심화 문제집 등을 활용해서 시험 문제 유형에 익숙하도록 연습합니다.

기출문제집을 풀 때는 단순히 주어진 문제만 풀고 끝내기보다는 시험이 치러진 해당 연도의 결과 분석을 살펴보는 것도 도움이 됩니다. 다음과 같이 문항별 정답률을 제시하고 있다면 시험 문제와 정답률을 비교하면서 아이들이 많이 틀리는 문제 유형이 어떤 것인지, 아이가 그 문제를 얼마나 풀어내는지 결과표와 비교하며 시험 문제 형태와 난이도를 파악해 볼 수 있습니다.

예를 들어 5번 문항의 정답률은 93.7%로 많은 아이가 맞힌 쉬운 문제입니다. 만약 우리 아이가 이 문제를 틀렸다면 계산 실수인지, 기본 개념을 이해하지 못한 건지 확인해 보고 대응 방안을 마련할 수 있습니다.

| 기출문제 문항별 정답률 표 예시 |

1번	2번	3번	4번	5번	6번	7번	8번	9번	10번
94.4%	66.6%	94.0%	87.4%	93.7%	64.3%	81.3%	60.9%	80.4%	89.0%
11번	12번	13번	14번	15번	16번	17번	18번	19번	20번
81.7%	47.4%	83.6%	81.3%	59.8%	18.3%	40.4%	48.0%	43.0%	4.3%

초등 수학 이렇게만 하면 됩니다

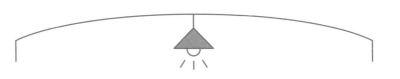

수학 시험 볼 때
알아 두면 좋은 것들!

　시험은 평소 나의 실력을 제한된 시간 안에 최대한 발휘해야 하
는 일입니다. 초등학생 아이는 아직 시험 경험이 많지 않기 때문에
시험을 치르는 요령에 대해 미리 알려줄 필요가 있습니다. 다음은
시험에 앞서 아이가 알아 두면 좋은 것들로, 시험을 앞둔 아이가 긴
장하지 않도록 유의하며 잘 알려주시길 바랍니다.

뒤로 갈수록 어려운 문제가 나온다

　일반적으로 시험 문제는 뒤로 갈수록 어려운 문제가 나온다는 것을 미리 알려주세요. 뒤로 갈수록 문제의 수준이 높아지므로 당연히 푸는 데 시간이 더 걸립니다. 이를 알고 앞부분에서 너무 시간을 많이 쓰지 않도록 합니다. 앞에서부터 순서대로 풀되 풀다가 어려운 문제는 건너뛰고 쉬운 문제부터 푸는 것이 유리합니다. 대신 쉬운 문제는 한 번에 정확하게 푼다는 생각으로 계산 등을 꼼꼼하게 확인하며 풀도록 주의시켜 주세요.

조건에 표시하며 풀기

문제를 읽을 때 밑줄을 그어 가면서 주어진 조건이나 중요한 단서에 표시하며 풀도록 해 주세요. 시험이 익숙하지 않은 아이들은 문제를 잘못 읽거나 조건을 빠뜨리고 읽는 등의 실수를 종종 합니다. 따라서 처음부터 문제를 읽을 땐 밑줄을 그어 가면서 꼼꼼하게 읽도록 연습시켜 주세요.

다 풀고 나서 검산하기

물론 시간이 부족해서 모든 문제를 다시 풀어 볼 수는 없을 것입니다. 문제를 다시 풀어 보는 검산이 불가능하다면 빠뜨리고 안 푼 문제는 없는지, 문제를 반대로 읽지 않았는지('아닌' 것을 찾아야 하는

데 '맞는' 것을 찾았다거나 '모두 쓰시오.'라고 했는데 '하나만' 썼다거나 하는 것) 정도라도 빠르게 되돌아보며 확인하도록 일러 주세요.

답지에 제대로 옮겼는지는 반드시 확인

보통 경시대회 같은 외부 시험들은 OMR 카드와 같은 답안지 작성을 합니다. 따라서 시험지에 적은 답과 답안지에 옮겨 적은 답이 일치하는지 마지막으로 점검하는 것도 잊지 않고 할 수 있도록 일러주세요. 시험 전에 기출문제를 풀면서 OMR 카드를 활용하여 연습해 보는 것도 좋습니다.

학원

8장

초등 수학,
학원이 필요한 순간

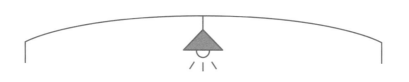

수학 학원
언제부터 다녀야 할까?

요즘은 '엄마표 영어', '엄마표 수학' 처럼 학습에 '엄마표'라는 타이틀을 붙여 엄마가 직접 지도하는 학습을 당연하게 여기는 분위기입니다. 그리고 이에 대한 정보도 넘칩니다. 그래서인지 집에서 아이를 제대로 가르치고 있지 못하면 뭔가 엄마가 해야 할 일을 하지 못한 듯한 죄책감마저 들게 되기도 합니다.

하지만 엄마가 해야 할 수많은 일들이 있는데 학습까지 엄마가 전문가의 역할을 해야 할까요? 물론 내 아이의 성향을 가장 잘 알 수 있는 사람은 엄마이고, 또 아이의 성향에 맞게 학습 지도를 할 수 있다면 금상첨화이겠지만 엄마가 직접 가르치는 것이 늘 좋은 효과를 내는 것은 아닙니다. 또 아이가 학년이 올라갈수록 전문적인 지식 없이는 가능한 일도 아니지요.

수학 학원에 보내는 부모의 유형을 크게 두 가지로 나눠 말씀드려 보겠습니다. 먼저 첫 번째로는 학군지에서 좀 더 많이 볼 수 있는 유형입니다. 아이가 어려서부터 전문가의 도움을 받길 원하여 일찍부터 수학 학원에 보내는 경우이지요. 요즘은 초등 수학 학원도 분야가 굉장히 다양하게 나뉘어 있습니다. 교과 수학을 배우는 교과 학원 외에도 사고력 문제를 다루는 사고력 수학 학원(사고력 학원도 성격이 다른 여러 종류의 학원들이 있습니다), 초등 연산을 계통으로 묶어서 진도를 나가는 연산 학원, 도형 문제에 집중해서 다양한 도형 문제를 접할 수 있는 도형 학원, 수학의 원리를 수학 동화로 배우는 학원, 다양한 교구를 활용해 수학 학습을 지원하는 학원 등이 있지요. 학군지에는 이렇게 영역별로 특화된 정말 다양한 학원이 있습니다. 이런 학원을 활용해 영역별로 전문적인 수학 학습을 시키고 싶어 하는 분들이 바로 첫 번째 유형입니다.

두 번째 유형은 초등 수학까지는 학원의 도움을 받기보다는 집에서 스스로 자기 주도 학습을 위한 습관을 잡는 것이 더 중요하다고 생각하는 분들입니다. 이런 부모들은 아이를 학원에 보내지 않고 있거나 아이가 수학에 흥미를 보이는지 지켜보다가 학원에 보내겠다고 생각합니다. 전국적으로 본다면 '초등 시기까지는 학원에

초등 수학 이렇게만 하면 됩니다

보내지 않아도 되지 않을까?'라고 생각하시는 분들, 즉 두 번째 유형이 더 많은 것 같습니다.

저에게 '수학 학원을 언제부터 다니면 좋을지' 질문을 주시는 분들은 당연히 두 번째 유형 분들입니다. 첫 번째 유형은 이미 아이를 학원에 보내고 있을 테니까요. 이런 질문을 받으면 제 답변은 늘 간단합니다. 바로 "학원이 필요하다고 느끼는 순간이요!"입니다.

학원이
필요하다고 느끼는 순간!

학원이 필요하다고 느끼는 순간은 아이마다 또 각 가정의 상황이나 분위기에 따라 매우 다릅니다. 다만 저는 크게 두 가지 경우를 추천하고 싶습니다.

첫째, 엄마와 아이의 관계가 흔들리는 순간입니다. 아이들이 어릴 때는 엄마에게 잘 보이고 싶은 마음이 크기 때문에 엄마 말을 잘 듣습니다. 그래서 엄마가 엄마표로 수학 학습을 끌고 나가는 데 크게 무리가 없습니다. 그런데 학년이 올라가고 사춘기가 올 무렵이 되면 엄마와의 수학 학습이 쉽지만은 않습니다. 오죽하면 '엄마가 내 아이 수학을 가르쳐 보면 친자 확인이 가능하다'라는 우스갯소

초등 수학 이렇게만 하면 됩니다

리가 나올까요? 저도 수학 선생님이긴 하지만 절대 제 아이들 수학을 직접 가르치진 않습니다.

수학 학습을 진행하면서 엄마와 아이 사이에 자꾸 갈등이 생기거나 아이와의 관계가 흔들리기 시작한다면 이럴 땐 과감하게 엄마가 아이의 학습에서 손을 떼고 학원에 보내기를 추천합니다. 무리해서 엄마가 아이의 수학 학습을 진행한다면 수학 성적보다 더 중요한 걸 잃게 될 수도 있습니다. 이런 순간에는 학원의 도움을 받는 것이 좋습니다.

둘째, 더 이상 아이의 질문에 올바른 방법으로 대답해 주기 어려운 순간입니다. 저는 이 경우는 꼭 학원에서 전문가 선생님의 도움을 받기를 강력히 권합니다. 학부모 중에서 특히 '나도 학창 시절엔 수학을 좀 했어!'라고 생각하는 분은 '내가 우리 아이 초등 수학쯤 못 가르치겠어?'라고 생각하는 경우가 상당히 많습니다. 이런 경우 아이가 질문을 하면 엄마 또는 아빠가 학창 시절에 배웠던 방법을 떠올리며 아이에게 적극적으로 설명해 주시기도 합니다. 그런데 요즘 초등 수학 과정은 부모들이 배우던 그 시대의 교육과정과 다소 다릅니다. 특히 1학년부터 6학년까지 단계적인 교육과정의 체계를 이해하고 있지 못하면 아이에게 현재 교육과정에 맞지 않는 방법으로 설명해 주는 오류도 자주 발생합니다.

예를 들어 초등 교육과정에 있는 우리 아이들은 아직 미지수나 방정식 개념을 모릅니다. 이런 상황에 아이가 좀 복잡한 문장제를 질문할 때 부모가 방정식 식을 세워 설명해 주는 오류를 범하기도 합니다. 물론 교재 해설지나 온라인 강의 등을 활용하여 교육과정에 맞는 풀이 방법으로 집에서 지도해 줄 방법도 있긴 합니다만, 학년이 올라갈수록 이 과정도 버겁고 아이의 질문에 내 답변이 도움이 될 거란 확신이 들지 않을 수 있습니다. 이럴 때가 바로 수학 학원이 필요한 순간입니다.

학원에 다니면
자기 주도 학습이 아닌가요?

수학 학원 학습에 관한 다양한 오해도 있습니다. 그중 대표적인 것이 자기 주도 학습에 관한 것입니다. 수학 학원에 다니면 자기 주도 학습을 하지 못한다고 생각하는 것이지요. 이런 생각대로라면 집에서 인터넷 강의를 들으면서 공부하면 자기 주도 학습이고, 학원에 다니며 공부하면 자기 주도 학습이 아닌 걸까요?

자기 주도 학습이란 말 그대로 내 공부를 내가 스스로 주도해서 하는 것입니다. 나에게 필요한 커리큘럼이나 새롭게 배워야 할 개념은 학원에서 전문가 선생님의 도움을 받으며 학원을 활용하고, 그 안에서 나에게 필요한 과정과 내가 스스로 복습해야 할 부분, 학원에서 보내야 할 시간과 내가 스스로 공부해야 할 시간을 잘 분배하고 계획을 세워 실천하는 것이 모두 훌륭한 자기 주도 학습입니다.

현재 우리나라의 입시는 공교육 또는 사교육 어느 한 가지만 고수해서는 성공하기 매우 힘듭니다. 다양한 방법을 적절히 균형 있게 활용하는 것이 중요합니다. 즉 학원이든 자기 주도 학습이든 적절하고 균형 있게 조율하는 것이 가장 효과적인 방법이 될 수 있습니다. 단, 초등 시절부터 학원에 보내는 이유가 아이에게 일찍부터 많은 양의 문제를 풀게 하겠다는 욕심에서 시작해서는 안 된다는 점도 꼭 염두에 두시길 바랍니다.

이런 아이는 학원 말고 다른 방법으로

학원이 맞지 않는 아이들도 있습니다. 학원이 필요한 순간에는 학원의 도움을 받으라고 앞서 강조했으나 사실 성향상 학원에 다니는 것이 효과가 크지 않은 아이들이 있습니다. 학원이 맞지 않는 아이를 억지로 학원에 보낸다 한들 원하는 효과는 얻기 힘듭니다. 다음과 같은 성향의 아이들은 학원을 대체할 수 있는 다른 방법, 인터넷 강의나 과외 등을 찾아보길 권합니다.

학원을 보내는 것을 추천하지 않는 아이 유형은 '남의 눈치를 많이 보는 아이'입니다. 주변 사람들의 눈치를 많이 보고 주변 환경에

초등 수학 이렇게만 하면 됩니다

예민한 아이들의 경우 학원에서 수업을 듣다가 이해가 안 되거나 모르는 문제가 생겼을 때 질문을 하기가 쉽지 않습니다. '내가 이 질문을 했을 때 수업에 방해가 되진 않을까?', '선생님이 나를 수학 못하는 아이로 생각하진 않으실까?' 또는 '선생님이 나를 귀찮아하면 어쩌지?', '아이들이 나만 모른다고 비웃진 않을까?' 등 주변 여러 사람의 눈치를 많이 보고 생각이 많아지면서 정작 본인이 챙겨야 할 것들을 제대로 챙기지 못할 가능성이 매우 큽니다. 결국 학원에 다니면서도 원하는 만큼 큰 효과를 얻기가 쉽지 않습니다.

다만 모든 학원이 다 똑같지는 않습니다. 아이의 성향과 학원의 성격을 잘 파악해 우리 아이에게 맞는 곳을 찾는 것이 무엇보다 중요합니다.

우리 아이
성향에 맞는 학원 찾기

　학원의 종류에 따라서도 아이의 성향에 따라 맞는 학원, 맞지 않는 학원이 있습니다. 학원의 종류를 규모로 보면 판서 방식으로 수업하는 대형 학원과 소수 인원을 데리고 맞춤 수업을 하는 소규모 학원으로 나눌 수 있지요.

　먼저 판서 방식으로 수업하는 대형 학원의 장점부터 이야기해 보겠습니다. 이런 학원은 일단 레벨 테스트를 거쳐 수준이 비슷한 아이들을 모아 수업하고 비교적 많은 아이를 데리고 선생님이 칠판에 필기하고 내용을 설명하면 학생들은 이를 보면서 이해하는 방식으로 수업을 진행하기 때문에 학습 분위기가 잘 형성되어 있습니다.

주기적으로 반 승급을 위한 테스트를 하거나 분기 고사 같은 시험을 치르기 때문에 주변 아이들과 어울려 경쟁도 하고 더 높은 반으로 올라가고 싶은 욕심도 생기며 공부 의욕을 상승시킬 수 있습니다. 그런데 이런 장점 때문에 추천하지 않기도 합니다. 아이의 성향이 경쟁에 취약하고 남과의 경쟁에서 뒤처질 때 크게 스트레스받는 성격이라면 이런 대형 학원에 보내는 것을 권하지 않습니다.

대형 학원을 권하지 않는 또 다른 성향의 아이들은 숙제 관리나 오답 관리 등을 스스로 하기 어려운 아이들입니다. 대형 학원의 경우 짜인 커리큘럼에 맞춰 진도를 나가기 때문에 진도도 빠를 뿐만 아니라 개별적으로 모든 아이를 신경 쓰기가 어렵습니다. 본인 스스로 과제도 잘 챙기고 부족한 부분이 있으면 빨리 체크하고 대책을 세우는 등 어느 정도 자기 관리 능력이 있는 아이들에게 효과적인 시스템입니다. 따라서 아이가 이런 시스템에 적응이 힘든 성향이라면 다른 종류 학원을 찾아보기를 추천합니다.

소수 인원의 아이들을 데리고 맞춤 수업을 하는 형태의 소규모 학원은 보통 선생님 한 명당 한 타임에 4~6명 정도의 아이들을 데리고 각자 교재와 각자 진도를 나가는 형태로 운영합니다. 각자 본인에게 맞는 난이도와 진도 교재로 맞춤 수업을 하기에 아이의 수준에 맞게 꼼꼼하게 진도를 나갈 수 있다는 장점이 있습니다. 다만 이런 학원은 오히려 수학을 잘하고 선생님의 손이 많이 안 가는 유형의 아이에게는 추천하지 않습니다. 아무리 소규모라 하더라도 선생님 한 분이 아이들 여러 명을 신경 써야 하는 구조이다 보니 선생님도 손이 많이 가는 아이들을 먼저 챙기게 되고 이에 따라 알아서 잘하는 친구들이 자칫 방치될 수 있기 때문입니다.

이런 단점을 극복하기 위해서는 집에서 과제를 할 때 최대한 많은 양의 학습을 스스로 하고 과제를 하며 몰랐던 부분이나 선생님의 설명이 필요한 부분을 잘 체크하는 것입니다. 내가 체크한 부분을 중심으로 학원에서의 시간을 최대한 알차게 활용한다면 도움이 될 것입니다.

이런 학원
보내지 마세요

아이의 성향과 상관없이 추천하지 않는 학원 유형도 있습니다. 지금부터는 피해야 하는 학원 유형을 크게 네 가지로 나눠 말씀드리겠습니다.

첫째, 선행을 강조하거나 본인 학원의 다른 아이들 진도와 비교하며 불안감을 조성하는 학원입니다. 앞에서도 계속 강조했듯이 심화 학습까지 탄탄히 다져지지 않은 상태에서 진도만 빼는 선행은 크게 의미가 없습니다. 결국 중요한 것은 우리 아이의 현재 역량에 맞게 탄탄하게 다져진 학습입니다. 주변 아이들 속도와 비교하면서 불안감에 빨리 나가는 진도가 중요한 것이 아님에도 이렇게 다른 아이들의 진도와 비교하며 학부모의 불안감을 부추기는 학원은 당연히 피하는 것이 좋습니다. '우리 아이만 뒤처지는 것은 아닐까?' 하는 불안감에 무리해서 진도를 뺀다 한들 아이가 제대로 학습하지 않는다면 언젠가는 되돌아와서 부족한 공부를 해야 하는 시점이 분명 오기 마련입니다. 오히려 이런 학원에 다니면 시간과 돈 모두를 더 쓰게 되니 피하는 것이 좋습니다.

둘째, 시험을 보지 않는 학원입니다. 학원에서 아이들의 성취율이나 이해도 확인 없이, 그러니까 시험을 보지 않은 채 같은 교재와 같은 반으로 진도만 나가는 경우입니다. 아이들의 수준은 항상 변하고, 수학 학습의 내용도 학년 학기마다 차이가 있습니다. 현재 아이가 배우는 수준의 교재나 수업이 이번 학기엔 적당했더라도 다음 학기엔 어려울 수 있고, 또 너무 쉬울 수도 있습니다. 따라서 주기적으로 시험을 통해 아이의 성취율이나 이해도를 체크하고 그 결과에 따라 교재나 반 구성을 바꿔줄 필요가 있습니다. 그러니 시험을 보지 않거나 이러한 관리가 되지 않는 학원이라면 피하는 것이 좋습니다.

셋째, 수업 시간이 지나치게 긴 학원입니다. 요즘은 2~3시간은 기본이고, 4~5시간씩 수학만 수업하는 학원도 흔히 볼 수 있습니다. 과거에 학원 수업 시간이 이렇게 길지 않던 시절과 비교해서 아이들의 학습량이 훨씬 더 늘거나 학습 수준이 더 높아진 것이 아닌

초등 수학 이렇게만 하면 됩니다

데도 요즘은 학원 커리큘럼에서 한 타임이 차지하는 시간이 점점 더 길어지고 있습니다. 이렇게 수업 시간이 지나치게 긴 경우 선생님이 많은 문제를 일일이 다 풀어 주고 있을 가능성이 높습니다. 수학은 문제를 내가 직접 끝까지 풀어내야 '내 것'이 되는 과목입니다. 선생님이 문제를 풀어 주는 것은 내 공부가 되지 않습니다. 따라서 혼자서 복습하는 시간이나 문제 풀고 숙제하는 시간을 포함한 것이 아니라 수업 시간 자체가 지나치게 긴 학원은 그 수업 방식을 꼼꼼하게 따져 볼 필요가 있습니다.

마지막으로, 피드백이 없는 학원입니다. 아이가 학원 수업에 어떻게 적응하고 있는지, 과제는 어떻게 해 오고 있는지 학원 생활에 관한 피드백을 주기적으로 학부모와 소통하는 학원이 좋습니다. 이때 피드백은 아이를 직접 가르치는 선생님이 해 주시는 피드백을 말합니다. 간혹 학원 실장님이 아이에 관해 이야기하는 경우가 있는데 우리 아이를 직접 가르치는 선생님이 아니기 때문에 아이의 부족한 부분이나 어려운 점을 찾아 보완하기에 부정확한 부분이 있을 수 있습니다.

다음 장에서는 학원의 피드백을 활용하여 집에서 아이에게 도움을 주는 방법에 대해 좀 더 자세히 말씀드리도록 하겠습니다.

학원에 맡겨도
관리는 필요합니다

신경을 써서 우리 아이에게 딱 맞는 학원을 찾아 선택하여 보냈다고 해서 그걸로 끝은 아닙니다. 좋은 학원과 선생님을 찾았으니 이제 학원에 모든 걸 맡기고 '끝!'이라고 생각한다면, 지금까지 우리가 고심하며 선택한 것이 물거품이 되고 맙니다. 학원 수업으로 우리 아이가 최대의 효과를 보기 위해서는 다음과 같은 것을 가정에서 계속 챙겨 주셔야 합니다.

첫째, 학원에서 내준 숙제는 수업 전까지 다 했는지 꼭 확인합니다. 계속 강조해서 이야기하지만, 수학 문제는 다른 사람의 설명을 듣기만 해서는 절대로 자기 것이 되지 않습니다. 학원에서 선생님

초등 수학 이렇게만 하면 됩니다

의 설명을 아무리 열심히 들었다고 해도 본인 스스로 그날 배운 것을 복습하지 않으면 학원에서 배운 것은 모두 허탕이라고 생각해도 과언이 아닙니다. 숙제는 배운 것을 복습하기 위한 최소한의 장치라고 생각하고 다음 수업 전까지 꼭 완수할 수 있도록 합니다.

둘째, 가끔 아이의 수업 이해도를 점검해 줍니다. 아이에게 학원 수업에서 뭘 배웠는지, 배운 내용은 이해하기 어렵지 않았는지, 수업 진도를 따라가기에 무리가 없는지 질문하며 점검하는 것이 필요합니다. 아이가 제대로 설명하지 못한다면 학원에서 수업 때 사용하는 교재를 보며 파악해 보는 것도 도움이 됩니다. 단 이때 관심이 아니라 간섭으로 느껴질 만큼 너무 자주 점검한다거나 교재 확인이 감시받고 있는 느낌이 든다면 역효과를 가져올 수 있으니 적절한 조절이 필요합니다.

셋째, 선생님과 자주 소통하는 것이 좋습니다. 아이에게 진도나 학원 생활에 관해 이야기 들었다고 해도 선생님이 바라본 아이의 학습 상태나 진행 과정을 듣는 것은 또 다른 큰 의미가 있습니다. 정기적으로 알아서 학원에서 연락을 주고 관리해 준다면 더 좋겠지만 그렇지 않은 경우라면 학부모가 적극적으로 선생님과 소통하는 것도 좋은 방법입니다. 학원 선생님도 학원에 아이를 맡겨 놓고 무관심한 학부모보다는 아이의 학습에 관심을 가지고 지켜봐 주는 학부모의 아이들에게 더 신경을 쓰게 되는 것이 인지상정입니다.

학원 수업에서
가장 중요한 것은 '질문'

오프라인 수업의 가장 큰 장점은 수업을 듣다가 이해가 안 되거나 모르는 게 생겼을 때 바로 질문할 수 있다는 점입니다. 그러니 학원 수업에서 선생님과의 직접 대면 시간은 아이들에게 그만큼 소중한 시간임을 알아야 합니다. 또한 이렇게 소중한 시간에 선생님의 일방적인 강의를 듣기만 하며 수동적인 자세로 보낸다면 아까운 시간을 낭비하게 된다는 점을 아이들도 알아야 합니다.

아이들 대부분은 '수업=선생님의 설명 듣기'라고 생각합니다. 이 때문에 선생님의 설명을 집중해서 듣고 이해했다면 열심히 공부했다고 생각하지요. 하지만 선생님의 설명을 한 번 듣고 모든 개념을

초등 수학 이렇게만 하면 됩니다

다 이해했다고 생각하는 건 아이들의 착각일 확률이 높습니다. 선생님의 설명을 들을 때는 분명 이해했다고 생각했는데 집에 와서 숙제하려고 보면 그 내용이 기억나지 않는 것은 비단 우리 아이뿐만 아니라 모든 아이가 공통으로 겪는 일입니다.

유명한 독일의 심리학자 에빙하우스가 연구한 '망각 곡선' 가설에 따르면, 학습 직후 20분 내에 41.8%를 망각한다고 합니다. 즉 학습 직후에 망각이 가장 빨리 일어나는 것으로 나타난 것이지요. 그는 망각 곡선 그래프를 바탕으로 기억을 오래 유지하기 위해서는 반복 학습하고, 일정한 간격을 두고 규칙적으로 여러 차례에 걸쳐 분산 학습을 하는 것이 효과적이라고 주장했습니다.

인간의 뇌는 입력된 정보를 반복해서 꺼내고 표현하는 과정을 거쳐야 그 정보를 더 오랫동안 기억하는 장기 기억에 저장할 수 있다고 합니다. 즉 수업 시간에 적극적으로 입을 열어 질문하고, 질문에 답하며 자기 생각을 설명해야 뇌가 자극되고 끊임없이 생각하며 더 오래 기억할 수 있게 되는 것입니다. 그러니 학원 수업에서 가장 중요한 것은 '질문'이라고 할 수 있습니다.

이해가 안 되는 부분이나 틀린 문제는 선생님께 어느 부분이 이해가 안 되고, 어떤 생각으로 문제를 풀어서 틀렸는지 질문하는 과정이 필요합니다. 더 좋은 방법은 본인이 틀린 문제뿐 아니라 맞힌 문제도 다양한 관점으로 생각해 볼 만한 질문을 던지며 좀 더 확장

시키는 것입니다. 학원 강의에서 선생님이 수학 문제를 대신 풀어주는 것을 보고 문제 풀이 방법을 배우는 것보다 왜 그 문제는 그런 방법으로 풀어야 하는지 원리를 배우는 것이 훨씬 더 중요하다는 점을 아이들에게도 잘 알려주세요.

단, "이 문제 어떻게 풀어요?"라는 질문은 질문이 아니라는 점도 알아야 합니다. 저는 아이들이 "선생님 이 문제 잘 모르겠어요!" 하면 절대 바로 설명해 주지 않습니다. "어디까지 어떻게 풀었고, 어디서부터 모르겠는지를 선생님에게 얘기해 줘."라고 말합니다. 그러면 절반 이상의 아이들이 저에게 설명하기 위해 문제를 다시 꼼꼼하게 살펴보다가 스스로 답을 찾아내곤 합니다.

설사 답을 찾지 못하더라도 아이들이 본인의 사고 과정을 직접 말로 설명하는 것을 듣다 보면 '이 아이가 어떤 개념이 부족하구나', '어떤 개념에 오류가 있구나'를 파악할 수 있습니다. 그러면 해당 오개념만 바로잡아 주거나 부족한 개념을 다시 설명해 주면 스스로 곧잘 문제를 풀어냅니다.

이렇듯 잘 모르겠는 수학 문제에 관해 질문할 때는 단순히 "이 문제는 어떻게 풀어요?"라거나 "이 문제 모르겠어요." 같은 방식으로 묻지 않도록 해야 합니다. 모르겠는 문제를 질문할 때 가장 좋은 방법은 본인이 그 문제를 어디까지 이해했고, 어디서부터 모르겠는지 선생님에게 설명하는 것입니다.

초등 수학 이렇게만 하면 됩니다

마찬가지로 틀린 문제에 관해 질문할 때도 본인이 그 문제를 어떻게 이해했고, 그래서 어떤 풀이 방법을 썼는지 선생님에게 먼저 설명한 후 그 방법이 어디가 잘못되어서 문제를 틀렸는지 궁금해하는 것이 가장 좋습니다.

물론 아직 초등학생 아이들이 학원 수업에서 항상 이렇게 논리 정연하게 설명하는 것은 쉽지 않은 일입니다. 그럴 때는 집에서 숙제하거나 혼자 공부할 때를 활용하여 틀린 문제를 스스로 되돌아보며 정리할 수 있는 기회를 줍니다.

제가 활용하는 방법은 틀린 문제 위에 다음과 같이 적은 포스트잇을 붙이고 틀린 이유를 간략하게 정리해 보는 방식입니다. 이런 방식을 활용하면 굳이 선생님과 직접 질문을 주고받지 않아도 아이 스스로 질문을 던지고 답하며 그 이유를 찾아갈 수 있습니다. 집에서도 한번 활용해 보시길 바랍니다.

Q: 틀린 이유는?

A:

Q: 같은 실수를 하지 않으려면?

A:

태도

9장

학군지 아이들은
수학 공부를 대하는 **태도**가 다르다

학군지 아이들의
최대 강점

제가 운영하는 유튜브 채널 이름은 〈목동진주언니〉입니다. 이름에서 알 수 있듯이 저는 '학군지'인 목동에서 아이들에게 수학을 가르치고, 고등학생, 중학생인 두 딸을 키우고 있습니다. 두 딸이 목동에서 유치원, 초등학교, 중학교 시절을 모두 지냈기에 학군지의 분위기에 무척 익숙한 편입니다.

사실 목동은 아파트도 오래되었고, 주차도 매우 불편한 곳입니다. 새 아파트의 좋은 환경은 포기하고 지내야 하는 곳이지요. 그런데도 저는 목동에서 10년 넘게 아이들을 키우면서 이 지역에서 살고 있는 것을 후회하거나 다른 지역으로 이사 가고 싶다는 생각을 해 본 적이 없습니다. 엄마의 불편함을 감수할 만큼 아이를 키우기에 좋은 장점이 많은 곳이기 때문이지요.

강연에서 만나는 학부모 중에는 학군지로 이사할지 고민하며 학군지의 장점을 묻는 분도 많습니다. 그럴 때 저는 학군지의 최대 강점으로 '공부를 받아들이는 아이들의 태도'를 이야기합니다.

요즘은 온라인으로도 얼마든지 유명한 일타 강사의 수업을 들을 수 있는 시대이기에 사실 학군지에 모여 있는 다양한 학원이나 실력 좋은 선생님의 수업이 학군지 아이들만 누릴 수 있는 혜택은 아닙니다. 하지만 학군지에서만 두드러지게 느낄 수 있는 부분이 분명 있습니다. 학군지에는 어려서부터 주변에 공부를 열심히 하는 아이들이 많고 면학 분위기가 좋아 '공부는 당연히 우리가 해야 할 일'로 받아들이는 아이들의 비중이 다른 지역보다 높습니다. 특히 수학처럼 어려운 과목을 공부할 때 "왜 나만 이렇게 어려운 걸 공부해야 하나요?"라며 불만 섞인 목소리를 내는 아이들이 많은데, 이 지역에서는 그런 아이를 만나 본 적이 별로 없습니다.

그렇다면 아이가 공부를 받아들이는 태도를 좋게 만들고 싶다면 꼭 학군지로 이사를 가야만 할까요? 또 학군지로 이사만 가면 자동으로 아이가 공부를 받아들이는 태도가 갑자기 달라질까요? 학군지라고 모든 아이가 다 공부를 열심히 하고 모두 공부를 당연하게 받아들이는 것은 아닐 겁니다. 사실 주변 환경보다 더 중요한 것은

초등 수학 이렇게만 하면 됩니다

가정의 면학 분위기입니다. 가정에서 공부 환경, 공부에 대한 인식, 공부를 받아들이는 태도가 먼저 바로잡혀야 주변 환경도 함께 영향을 받게 되는 것이지요.

부모들은 아이가 공부를 좀 더 열심히 해줬으면 하는 마음에 아이를 설득하려 합니다. "너 왜 숙제 안 하니?", "엄마가 다 너를 위해서 하는 이야기야.", "수학 공부 열심히 하면 나중에 너한테 다 좋을 거야." 주로 이런 말들을 하게 되죠. 그런데 엄마가 이런 말을 열 번, 스무 번 한다고 하여 아이는 설득되지 않습니다. 그러니 부모의 태도를 처음부터 바꿔야 합니다. 공부는 엄마의 설득을 듣고 내가 할지 말지 결정해야 하는 문제가 아니라 당연하게 해야 하는 것이라고 아이에게 인식시켜 주세요.

초등 시절에 익혀야 할 성실함, 매일 공부하는 습관, 열심히 하면 나도 잘 할 수 있다는 자신감, 작은 성공의 기쁨을 맛보며 키워가는 성취감 등은 학군지에 살지 않아도 얼마든지 아이에게 심어줄 수 있습니다.

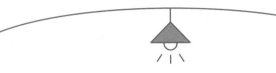

수학은
자신감이 절반이다!

어른들도 그렇지만, 아이들은 잘하는 것을 더 많이 하고 싶어 합니다. 아이가 수학을 잘하는 편이 아닌데도 마치 잘하는 것 같은 착각을 하게 만들어 주면 실제로 수학에 흥미를 느끼고 자신감을 느끼게 될 수도 있습니다. 물론 이것이 지나쳐서 자만심으로 수학 공부를 더 이상 안 해도 된다고 생각하거나 너무 쉽게 생각하고 대충 풀어 오답을 자주 내는 일이 생기지 않도록 옆에서 균형을 잘 잡아 줘야겠지요.

그렇다면 아이가 수학에 자신감을 가질 수 있는 가장 효과적인 방법은 무엇일까요? 그것은 바로 '칭찬'입니다. 칭찬은 고래도 춤추

초등 수학 이렇게만 하면 됩니다

게 한다고 하지요. 그렇다고 무턱대고 아이에게 아무렇게나 칭찬을 남발할 수도 없는 노릇입니다. 아이가 수학 학습에 자신감을 가질 수 있게끔 가정에서 부모가 효과적으로 칭찬하는 방법에 관해 이야기해 보겠습니다.

가장 중요한 것은 아이의 성향에 따라 자신감을 심어주는 방법도 달라야 한다는 점입니다. 아이들의 얼굴이 모두 다르게 생겼듯이 수학을 공부하는 성향도 아이마다 모두 다릅니다. 수학 학습에 대한 우리 아이의 성향은 아이가 풀기 어려운 문제나 본인의 역량 밖의 문제를 만났을 때 보이는 태도를 보면 가장 잘 알 수 있습니다. 제가 만나 온 아이들은 대체로 다음과 같이 크게 세 가지 부류로 나뉘었습니다.

첫째, 본인이 해결하기 어려운 문제를 만났을 때 "잘 모르겠어요." 하고 회피하는 것이 아니라 "잠깐만요! 이 문제 좀 풀게 시간 좀 더 주세요!" 하며 어려운 수학 문제를 본인의 한계를 극복하는 '도전'으로 받아들이는 유형입니다. 보통 수학을 좋아하고 성취도가 높은 친구들에게서 많이 보이는 유형입니다.

이런 유형의 아이들에게는 주기적으로 아이의 수준보다 높은 수준의 수학 문제나 심화 문제 등을 접해 볼 수 있게 하여 도전에 성공하는 기쁨을 느끼게 해 주고 이럴 때 칭찬하는 방법으로 자신감을 키워주는 것이 좋습니다. 단 이때 아이의 수준을 과도하게 뛰어

넘는 문제를 준다거나 계속 어려운 문제만 풀게 하는 등 자칫 아이에게 스트레스를 줄 수 있는 행동은 오히려 수학 학습에 대한 흥미를 빼앗는 요인이 될 수 있으므로 주의가 필요합니다.

둘째, 어려운 문제를 접했을 때 좀 더 생각해 보거나 풀어보려는 노력 없이 "잘 모르겠어요." 또는 "제가 풀기에는 너무 어려운 문제예요." 하고 본인의 한계를 쉽게 인정하고 포기해 버리는 유형입니다. 이런 유형의 친구들에게는 본인의 한계를 단정 짓지 않도록 가급적 쉬운 문제를 통해 수학 문제 푸는 재미와 성취감을 느끼게 해 주는 것이 중요합니다. 수학 문제를 스스로 풀어냈을 때 아낌없이 칭찬해 주고 앞으로 더 잘할 수 있다고 칭찬해 주는 방법으로 자신감을 키워주는 것이 좋습니다.

마지막으로, 어려운 문제를 접했을 때 본인의 한계를 인식하지만 "배가 아파서 못 풀겠어요."라며 아프다는 핑계를 댄다거나 "원래 풀 수는 있지만 지금은 풀고 싶지 않아요."라고 둘러대며 그 상황을 피해 버리는 유형입니다. 보통 자존심이 강한 아이들이 이 유형이 많습니다. 이런 친구들은 누군가 "너 이 문제 못 풀지?" 하며 본인의 한계를 지적하면 반발심에 "수학 문제 따위 나는 풀지 않을 거야!" 하는 반응을 보이며 아예 외면해 버리는 일도 있기에 주의가 필요합니다.

이런 친구들에게 자신감을 키워주는 좋은 방법 역시 '칭찬'입니

초등 수학 이렇게만 하면 됩니다

다. 하지만 칭찬할 때 그 방법을 조금 다르게 해야 합니다. 이 친구들이 풀어낼 만한 적당한 문제를 접하게 해 준 후 그 문제를 풀어냈을 때 단순히 "잘했어!" 같은 칭찬이 아니라 "이 정도 문제쯤은 네가 당연히 풀어 낼 줄 알았어!!"와 같은 칭찬을 해 주는 겁니다. 믿음과 인정을 표현하는 칭찬이 이러한 친구들에게 더 효과적입니다. 좀 더 어려운 문제에 도전해 보게 하고 싶을 때는 "엄마는 이 문제를 못 풀겠는데, ○○이가 좀 풀어 줄래?" 또는 "동생이 이런 문제를 어려워하니 수학 잘하는 ○○이가 좀 도와줘." 같이 아이가 실력을 인정받고 있다고 느낄 만한 표현 방법을 활용하는 것이 좋습니다.

수학에 자신감을 갖게 하는 칭찬 방법이 이렇게 아이의 성향마다도 다릅니다. 오늘부터 우리 아이에게 가장 효과적인 칭찬을 활용하여 아이가 수학에 대한 자신감을 가질 수 있게 해 주세요!

칭찬과 격려는 성적이 아니라 태도에 대해 해야 한다

'칭찬은 고래도 춤추게 한다.'라고 하지만 칭찬이 만병통치약은 아닙니다. 아무 때나, 아무렇게나 하는 칭찬은 그다지 효과가 없습니다. 또 야단이나 주의를 주어야 하는 상황에서도 칭찬으로 일관한다면 이것은 되레 아이의 나쁜 습관을 고착시키는 부작용을 낳기도 합니다. 칭찬이나 격려는 아이가 수학 문제를 풀어서 맞힌 정답이나 수학 성적에 대해 하는 것이 아닙니다. 수학을 대하는 태도와 노력에 대해서 해 주어야 합니다. 이 점이 무엇보다 중요합니다.

아이가 수학 문제의 정답을 맞혔더라도 문제를 제대로 파악하고 푼 것이 아니라 대충 감으로 추측해서 답을 유추해 냈다면 수학 문제를 대하는 태도를 분명하게 짚고 넘어가야 합니다. 반대로 문제의 정답은 찾아내지 못했더라도 그 문제를 해결하고자 끙끙대면서 최선을 다했다면 그 과정에 대해 많은 격려와 칭찬을 해 주어야 합니다. 칭찬은 정답을 잘 맞히고 수학을 이미 잘하는 아이보다 수학 실력이 조금 부족하더라도 점점 발전해 가고자 열심히 노력하는 아이에게 훨씬 큰 효과를 발휘합니다.

이때 한 가지 주의할 점이 있습니다. 칭찬할 때 "○○이가 이렇게 어려운 수학 문제를 풀어서 맞혔다니 엄마가 너무 기쁘네!"와 같이 주체를 부모로 이야기할 것이 아니라 "○○이가 이렇게 어려운 수학 문제를 풀어서 맞혀 뿌듯해하는 모습을 보니 엄마도 기쁘네!"처럼 아이를 주체로 이야기해야 한다는 점입니다.

저는 종종 수학을 잘 하고 싶어 하는 아이에게 "○○이는 왜 수학을 잘 하고 싶어?"라는 질문을 하곤 하는데 적지 않은 아이들이 "제가 수학을 잘하면 엄마가 기뻐하시니까요." 같은 대답을 하는 사실에 놀라곤 합니다. 수학뿐 아니라 다른 공부도 마찬가지로 주체는 아이 자신이어야 합니다. 공부를 열심히 해야 하는 이유도, 또 열심히 했을 때 느끼는 성취감이나 기쁨의 주인도 아이 자신이 되어야 합니다. 이 점을 아이 스스로 잘 알 수 있도록 도와주시는 게 중요합니다.

수학 실력은
머리일까, 노력일까?

많은 이들이 수학은 수학 머리를 타고나야 잘하는 과목이라고 말합니다. 정말 그럴까요? 제가 오랜 시간 학군지에서 수학 잘하는 아이들을 지켜본 결과 수학을 잘하는 데에 결정적인 역할을 한 것은 타고난 수학 머리보다는 공부 습관이었습니다.

수학 학습에서 나타나는 아이들의 수준 차이에는 지능보다 학습 습관이 더 크게 작용합니다. 물론 타고난 수학 머리가 도움이 되긴 하지만 실제로 수학을 매우 잘하는 아이들을 보면 머리보다는 꾸준히, 그리고 충분히 공부하는 습관이 돋보였습니다. 그렇다면 수학을 잘하는 공부 습관은 무엇이며, 또 이런 습관은 어떻게 길러주어야 할까요?

수학을 잘하는 아이들은 대부분 자기 주도적으로 스스로 수학 문제를 해결하려는 습관을 지니고 있었습니다. 이뿐 아닙니다. 문제를 꼼꼼하게 읽고 문제 속에서 답을 찾아내려는 습관, 수학 개념에 집중하는 습관, 검산하는 습관, 문제 풀이 과정을 정리해서 쓰는 습관 등 여러 가지 다양한 공부 습관을 지니고 있었습니다. 모두 수학을 잘하는 공부 습관이라고 볼 수 있겠지요. 하지만 이런 습관에 앞서 초등 시절에 가장 중요하게 먼저 잡아야 하는 습관은 따로 있습니다. 바로 미루지 않고 매일 조금씩이라도 규칙적으로 수학 공부를 하는 습관입니다.

다른 과목도 마찬가지이겠지만 특히 수학은 오랜 시간 조금씩 쌓아 온 학습이 결국 엄청난 양이 되어 공부의 결실을 얻는 과목입니다. 따라서 몰아서 많은 양을 욕심내어 공부하기보다는 매일 적은 양이라도 꾸준하게 하는 것이 중요합니다. 공든 탑은 쉽게 무너지지 않는다는 사실을 꼭 기억해 주시길 바랍니다.

'꾸준하게'를 방해하는 요소부터 없애기

미루지 않고 매일 조금씩이라도 수학 공부를 하는 규칙적인 습관을 들이려면 막연히 '수학 공부 해야지.'가 아니라 '오늘은 몇 쪽을 풀어야지!' 또는 '오늘은 심화 문제 몇 문제를 풀어야지!'와 같이 구체적이고 자세한 계획을 세우는 것이 좋습니다. 이와 동시에 '꾸준하게'를 방해하는 요소를 없애는 것이 무엇보다 중요합니다. 그렇다면 '꾸준하게'를 방해하는 요소에는 무엇이 있을까요?

첫째, 아이의 수준보다 어려운 교재를 사용하는 것입니다. 현재 아이의 수준을 제대로 파악하지 못한 채 개념 이해가 제대로 되지 않은 아이에게 문제 유형서를 풀게 하거나 주변에서 심화 문제 풀이가 중요하다고 하니 심화 문제집을 풀게 하는 경우가 이에 해당합니다. 이럴 땐 아이가 매일 꾸준히 수학 공부를 하겠다고 마음을 먹었어도 실제로 마주하는 수학 공부가 너무 어려워 꾸준하게 수학 학습을 유지하기가 어렵습니다.

둘째, 아이의 역량보다 버거운 목표를 세우는 것입니다. 앞에서도 여러 번 강조했지만, 수학 공부를 할 때 작은 성공의 기쁨을 통해 성취감을 느끼고 그로 인해 수학 공부의 즐거움을 느끼는 것은 수학 실력을 올리는 데 중요한 역할을 합니다. 또한 본인이 세운 계획을 실천했을 때의 성취감도 매우 중요합니다. 그런데 아이의 역량보다 버거운 목표치를 세워 아이가 아무리 열심히 해도 목표치를 달성하기가 쉽지 않다면 이 또한 꾸준히 수학 학습을 해 나가는 데 방해 요소가 됩니다. 직접 세운 계획을 매일 꾸준히 노력해서 실천함으로써 자신에 대한 긍정적인 감정이 커지도록 해 주는 것이 무

초등 수학 이렇게만 하면 됩니다

엇보다 중요합니다.

　이렇듯 '꾸준하게'를 방해하는 요소를 없애는 것이 시작입니다. 미루지 않고 매일 조금씩 꾸준히 하는 습관을 들인 후 아이가 수학 잘하는 공부 습관을 하나씩 늘려갈 수 있도록 이끌어 주세요.

실수도
실력이다!

    아이들 대다수는 실수로 문제를 틀린 것은 괜찮다고 생각합니다. 몰라서 틀린 것이 아니라 실수로 틀렸기 때문에 본인 수학 실력과는 상관이 없다고 생각하죠. 그런데 이렇게 괜찮다고 생각하는 아이들은 다음 시험에서 또 똑같이 실수를 반복합니다. 이는 아직 중요한 시험이랄 게 없는 초등 시기에는 크게 문제가 되지 않습니다. 하지만 내신 시험을 치르는 중학교, 고등학교에 가서는 크게 문제가 될 수 있습니다. 사소한 실수도 입시 결과에 매우 결정적인 역할을 할 수 있기 때문입니다.

그런데 수학 시험에서 아이들은 왜 이렇게 자주 실수하는 걸까요? 아이들이 실수하는 가장 큰 이유는 시험을 볼 때 평소 공부하던 습관대로 문제를 풀기 때문입니다. 그런 이유로 시험을 앞두고 긴장하고 시험 문제가 평소 공부보다 어렵다고 느끼는 아이보다 오히려 시험에 자신감이 있고 시험 문제가 쉽다고 느끼는 아이들이 더 많은 실수를 하기도 합니다. 여기서는 아이들이 가장 많이 하는 실수를 유형별로 나누어 설명하고 그 해결책까지 제시해 보겠습니다.

아이들이 가장 많이 하는 수학 시험 실수와 유형별 해결책

첫째, 문제를 잘못 본 경우입니다. '모두 고르시오'인데 답을 하나만 쓰거나 '틀린 것'을 물어보는데 '옳은 것'을 답으로 쓰는 등 문제를 잘못 읽은 경우가 있습니다. 또 문제에서 구하라고 하는 것의 의미를 잘못 해석하여 오답을 내는 일도 있습니다. 이런 경우엔 아이가 실수한 원인이 전자인지 후자인지부터 먼저 파악해야 합니다.

단순히 문제를 잘못 읽은 경우라면 평소에 문제를 읽을 때 밑줄을 그어가며 좀 더 꼼꼼하게 문제 읽는 법을 연습해야 합니다. 문제의 의미를 잘못 해석한 경우는 문해력이 부족하여 벌어지는 일일수 있으므로 평소에 수학 공부와 더불어 문해력을 키우기 위한 학습을 추가해 주어야 합니다.

둘째, 계산 실수인 경우입니다. 아마 초등학생 아이들이 가장 많이 '실수였다'고, '괜찮다'고 넘기는 부분일 겁니다. 문제를 해결하는 과정에서 계산을 틀려서 답을 잘못 구한 경우 정말로 단순 계산 실수인지, 특정 연산 부분의 부족함이 있어서 생긴 오답인지 먼저 파악해야 합니다. 단순 계산 실수라면 검산하기, 식 바르게 적어가며 계산하기 등의 연습을 통해 실수를 줄여나갈 수 있습니다. 하지만 특정 연산 부분의 부족함으로 인한 계산 오류라면 문제 풀이 연습 전에 해당 연산의 개념 부분을 정확히 짚는 것부터 시작하여 차근히 학습해 나가야 합니다.

셋째, 문제 푸는 것과 상관없는 실수입니다. 예를 들어 시험지에 적어 놓은 답을 OMR 카드 같은 답안지에 옮겨 적으면서 잘못 옮겨 적었거나 시험 문제 중 일부 문제를 빼먹고 푸는 사례입니다. 이는 실제로 수학 문제를 풀면서 발생한 실수가 아니라 시험 과정에서 일으키는 실수 유형입니다. 이런 경우는 시험에 대한 과도한 긴장감이 있는지, 또는 반대로 시험에 진지하게 임하지 않는지 등을 확인하여 시험을 대하는 올바른 자세부터 갖추게 하는 것이 필요합니다.

실수를 줄이기 위한 가장 좋은 방법은 평소 공부할 때 내가 하는 실수 유형이 무엇인지 파악하는 것입니다. 평소에 연습하며 문제를 틀릴 때 문제를 틀린 이유를 간단하게라도 적어 보는 것도 좋은 방

초등 수학 이렇게만 하면 됩니다

법입니다. 이를 통해 개념이 부족해서 해결 과정 자체에 접근하지 못한 것인지, 아니면 위에 열거한 다른 실수인지 구체적으로 실수의 유형을 파악할 수 있습니다.

이렇게 일정 기간, 일정 분량 꾸준히 실수 유형을 정리하다 보면 아이가 수학 문제를 틀리는 이유가 정말 단순 실수인지, 어떤 원인에 의한 반복적인 실수인지 구별이 가능해집니다. 실수의 원인을 찾았다면 위에 정리한 원인별 해결 방법대로 대처하면서 차츰 실수를 줄여나갈 수 있을 것입니다.

이십여 년 동안 수학 교재를 만들고 아이들을 지도하며 쌓인 노하우를 이 책에 담았습니다. 지금 당장 시작해 중고등학교에 가서 최상위권으로 직진할 수 있는 초등 수학 공부법의 기본이라고 보아도 무방할 것입니다. 다만 이 책을 참고하실 때는 다른 무엇보다도 '내 아이'가 절대적인 기준이 되어야 한다는 점을 중요하게 생각해 주시길 당부드립니다. 앞으로 달려야 할 길고 긴 입시 마라톤에서 아이들이 수학 때문에 지치거나 힘들어지지 않길 바랍니다.

지금 시작해서 최상위권으로 직진하는
전략적 초등 수학 공부법

초등 수학 이렇게만 하면 됩니다

초판 1쇄 발행 2025년 3월 25일

지은이 이상숙(목동진주쌤)
펴낸이 민혜영
펴낸곳 (주)카시오페아
주소 서울특별시 마포구 월드컵로14길 56, 3~5층
전화 02-303-5580 | **팩스** 02-2179-8768
홈페이지 www.cassiopeiabook.com | **전자우편** editor@cassiopeiabook.com
출판등록 2012년 12월 27일 제2014-000277호

ⓒ이상숙(목동진주쌤), 2025
ISBN 979-11-6827-282-8 03370